KB272641

사기파산죄·사기회생죄 사기죄 처벌하는 실무지침서

파산재산 은닉·손괴 허위 증가
돈 갚지 않고 파산회생신청 사기죄

사기파산·회생
작성하는 법

편저 : 대한법률콘텐츠연구회
(콘텐츠 제공)

해설 · 최신서식

법문북스

머리말

사기 파산죄는 생소한 용어로 무슨 뜻인지 제대로 알고 대처하시면 채무자를 고소하여 해결할 수도 있고 엄중한 형사처벌을 시킬 수가 있습니다. 다시 말해 사기파산죄는 채무자가 파산절차에서 채권자를 해하거나 부당한 이익을 얻을 목적으로 재산을 숨기거나 허위로 장부를 조작하는 등 부정한 행위를 한 경우에 성립하는 범죄를 의미합니다.

법적으로 처벌하는 근거는 채무자 회생 및 파산에 관한 법률 제650조에서 사기파산죄를 규정하고 있습니다. 다시 말해 사기파산죄는 파산선고 전후를 불문하고 다음 중의 어느 하나의 행위를 하고 파산선고가 확정되면 10년 이하의 징역 또는 1억 원 이하의 벌금에 처해질 수가 있습니다.

1.파산재단에 속하는 재산을 은닉·손괴하거나 채권자에게 불이익하게 처분을 하는 행위

2.파산재단의 부담을 허위로 증가시키는 행위

3.법률상 작성 보존 의무가 있는 상업장부를 작성하지 않거나 허위·부실기재하는 행위

4.법원이 폐쇄한 정부를 변경, 은닉, 손괴하는 행위를 처벌하고 있습니다.

파산 행위가 형법 제347조 사기죄가 성립되는 경우 사람을 기망하여 재물의 교부를 받거나 재산상의 이익을 취득한 자에게는 10년 이하의 징역 또는 2,000만 원 이하의 벌금에 처한다고 규정하고 제2항은 제3자를 통해 같은 방법으로 이익을 취한 경우에도 동일한 형을 적용한다고 명시하고 있으므로 처벌할 수 있습니다.

사기파산죄는 채무자 회생 및 파산에 관한 법률 제650조에서 규정된 특별범으로 일반 형법 제347조의 사기죄보다 특정한 상황(파산절차 중의 부정행위)에 제한되어 있습니다.

그러나 파산절차 외에서 허위로 파산을 신청하거나 파산 직전에 채권자를 속여 재산을 이전받는 등 채권자를 기망하여 재산상 이익을 얻은 경우에는 형법 제347조 사기죄로 별도 처벌이 가능합니다.

다시 말해 실제로 돈을 갚을 의사나 능력이 없음에도 거짓말하여 돈을 빌린 경우, 파산 직전 재산을 처의 이름이나 친·인척의 명의로 이전하면서 채권자에게 재산이 없다고 기망하는 경우에는 채무자 회생 및 파산에 관한 법률 제650조에 따라 10년 이하의 징역(사기파산죄)뿐 아니라 형법 제347조에 따른 사기죄(10년 이하의 징역 또는 2,000만 원 이하의 벌금)로 병과하여 얼마든지 처벌할 수 있습니다.

사기파산 행위가 단순히 파산절차의 부정행위에 그치지 않고 '기망을 통한 이득 취득'의 구조를 가진다면 형법 제347조 사기죄로도 처벌이 된다는 점에서 두 법조는 경합될 수가 있습니다.

개인파산이나 개인회생 통보를 받았다면 채권자가 구제받을 수 있는 유일한 방법은 채무자 회생 및 파산에 관한 법률 제650조에 따른 10년 이하의 징역(사기파산죄)뿐 아니라 형법 제347조에 따른 사기죄(10년 이하의 징역 또는 2,000만 원 이하의 벌금)로 병과하여 처벌할 수 있는 고소입니다.

단순히 돈을 갚지 않는다고 해서 사기죄가 성립하지 않고 돈을 빌릴 당시 전후로 기망 의도가 있음을 고소인이 입증해야 합니다. 이를테면 채무자 회생 및 파산에 관한 법률 제650조에 따른 사기파산죄로 고소하려면 1.파산재단에 속하는 재산을 은닉·손괴하거나 채권자에게 불이익하게 처분을 하는 행위 2.파산재단의 부담을 허위로 증가시키는 행위 3.법률상 작성 보존 의무가 있는 상업장부를 작성하지 않거나 허위·부실기재하는 행위 4.법원이 폐쇄한 정부를 변경, 은닉, 손괴하는 행위를 입증하여야 합니다.

돈을 빌려주고 어느 날 갑자기 개인파산이나 개인회생을 신청했다고 통보를 받게 되면 누구든지 충격이 클 수밖에 없을 것입니다.

그러나 중요한 것은 개인회생이나 개인파산 그 자체가 곧바로 채무자 회생 및 파산에 관한 법률 제650조에 따른 사기파산죄나 형법 제347조 사기죄가 되는 것은 아닙니다. 채무자 회생 및 파산에 관한 법률 제650조에 따른 '사기파산죄'가 되기 위해서는 1.파산재단에 속하는 재산을 은닉·손괴하거나 채권자에게 불이익하게 처분을 하는 행위 2.파산재단의 부담을 허위로 증가시키는 행위 3.법률상 작성 보존 의무가 있는 상업장부를 작성하지 않거나 허위·부실기재하는 행위 4.법원이 폐쇄한 정부를 변경, 은닉, 손괴하는 행위가 있어야만 하고 형법 제347조 사기죄가 되려면 실제로 돈을 갚을 의사나 능력이 없음에도 기망(거짓말)하여 돈을 빌린 경우가 입증되어야 합니다.

따라서 사기 개인회생(이하, '사기회생죄'라고 합니다)은 개인이 회생절차를 악용하여 채권자를 속이거나 재산을 은닉하는 경우에 성립하는 범죄로 채무자 회생 및 파산에 관한 법률 제643조에 따른 '사기회생죄가 규정되어 있습니다.

법적 근거는 채무자 회생 및 파산에 관한 법률 제643조 제3항에 채무자가 자기 또는 타인의 이익을 도모하거나 채권자를 해할 목적으로 다음의 행위를 하고 개인회생절차 개시결정이 확정된 경우 5년 이하의 징역 또는 5,000만 원 이하의 벌금에 처해집니다. 1.재산을 은닉, 손괴하거나 채권자에게 불이익하게 처분하는 행위 2.허위로 부담(채무)을 증가시키는 행위가 이에 해당합니다. 다시 말해 개인회생을 앞두고 재산을 처의 명의로 이전하고 친인척 명의로 이전하거나 존재하지 않는 채권을 허위로 만들어 신고한 경우가 대표적입니다.

개인 회생의 절차를 악용하여 재산을 숨기거나 허위로 채무를 늘려 채권자를 속이는 행위는 채무자 회생 및 파산에 관한 법률 제643조 제3항 사기회생죄로 5년 이하의 징역 또는 5,000만 원 이하의 벌금에 처하고, 채권자를 속이는 행위는 형법 제347조의 사기죄가 적용되어 10년 이하의 징역 2,000만 원 이하의 벌금에 처합니다. 그리고 재산을 처의 명의나 가족의 명의 또는 제3자에게 빼돌린 경우 형법 제327조 강제집행면탈죄와 경합될 수 있습니다.

사기개인회생죄 고소는 채무자의 회생이나 파산에도 불구하고 채권자가 권리를 지킬 수 있는 가장 유일한 방법입니다. 단순히 억울하다는 생각만으로는 처벌하기 어렵습니다. 돈을 빌릴 당시를 전후로 돈을 빌린다 하더라도 갚을 의사와 능력이 없었음을 입증해야 합니다.

실제 사용할 용도를 속이고 돈을 빌렸다거나 변제방법을 속여 돈을 빌리고 다른 곳에 사용해놓고 개인파산이나 개인회생을 신청한 것이라면 형법 제347조 사기죄가 성립될 가능성이 높습니다.

다시 말해 개인회생 사기죄는 채무면탈 목적의 고의적 기망행위가 있어야 성립합니다. 단순히 채무가 많아 회생을 신청한 경우에는 형사처벌까지는 이어지지 않습니다.

사람을 속여 재물이나 재산상의 이익을 취득하는 행위를 처벌하는 형법 제347조 사기죄는 재산권 보호가 목적입니다. 채무자 회생 및 파산에 관한 법률 제643조 제3항 사기개인회행죄는 특별법 범죄로 개인회생 절차를 이용해 채권자를 해치는 부정행위를 엄격히 금지하여 채무자 회생제도를 건전한 운영과 채권자의 보호를 목적으로 하는 것이 차이가 있습니다.

사기파산죄나 사기개인회생죄에서 요구하는 손괴, 은닉한다는 것은 채권자 기타의 관계인에게 불이익하게 처분하는 것을 말합니다. 여기서 손괴는 형법 제366조 손괴죄 와 같이 본다면 타인의 재물을 손괴 또는 은닉하거나 기타의 방법으로 그 효용을 해하는 경우에 성립하고 여기에서 재물의 효용을 해한다고 함은 사실상으로나 감정상으로 그 재물을 본래의 사용목적에 제공할 수 없게 하는 상태로 만드는 것을 말하며, 일시적으로 그 재물을 이용할 수 없는 상태로 만드는 것도 여기에 포함됩니다.

특히 건조물의 벽면에 낙서를 하거나 게시물을 부착하는 행위 또는 오물을 투척하는 행위 등이 그 건조물의 효용을 해하는 것에 해당하는지 여부는 당해 건조물의 용도와 기능, 그 행위가 건조물의 채광, 통풍, 조명 등에 미치는 영향과 건조물의 미관을 해치는 정도, 건조물 이용자들이 느끼는 불쾌감이나 저항감, 원상회복의 난이도를 비롯하여 거기에 드는 비용, 그 행위의 목적과 시간적 계속성, 행위 당시의 상황 등 제반 사정을 종합하여 사회통념상에 따라 판단단해야 합니다.

사기파산죄가 성립하기 위해서는 첫째, 재산 은닉, 손괴, 불이익 처분이 인정되어야 합니다. 둘째, 허위 부담 증거가 있어야만 합니다. 셋째, 장부 작성, 보존 의무 위반(허위, 부실 기재, 은닉, 손괴)이 인정되어야만 합니다. 넷째, 법원 폐쇄 장부 변경이 인정되어야 합니다. 다섯째, 채권자를 해할 목적 또는 자기 혹은 타인의 이익 도모 의사가 있어야 합니다. 여섯째, 적극적 의욕 또는 확정적 인식 고의가 인정되어야 사기 파산죄가 성립합니다.

고소를 할 때는 파산선고가 확정되어야 하는 점을 명시하여야 하고, 파산선고 전후 불문 행위 가능성을 설명하는 것이 더 좋습니다. 다시 말해서 사기파산죄는 부정행위 ▷고의 ▷파산선고 확정의 요건으로 성립됩니다. 고소장에서는 고의성 및 부정행위 입증이 관건임을 명확히 설명하는 식으로 기재하여야 합니다. 이와 같이 핵심 조문과 판례, 구성요건을 논리적으로 구분해 고소장에 설명하는 식으로 기재하면 사기파산죄의 성립요건에 대한 신뢰성을 높일 수 있어 효과적입니다.

형법 제347조 사기죄가 성립하기 위해서는 첫째, 기망행위가 있어야 합니다. 둘째, 착오가 있어야만 합니다. 셋째, 처분행위가 있어야 합니다. 넷째, 재산상 손해 및 인과관계가 있어야 합니다. 다섯째, 상대방을 속이려는 의도(고의)를 가지고 있어야 합니다. 여섯째, 법적으로 허용되지 않는 재산상의 이득을 취하려는 의사가 있어야 사기죄가 성립합니다.

사기죄는 형법 제347조에 의하여 타인을 기망하여 재물의 교부를 받거나 재산상의 이익을 취득할 때 성립합니다. 다시 말해 행위자의 기망행위, 피해자의 착오와 그에 따른 처분행위, 그리고 그 결과로 발생한 재산상 손해 간에 인과관계가 반드시 있어야 합니다.

사기개인회생죄가 성립하기 위해서는 첫째, 개인회생 절차에서 재산을 은닉, 손괴하여야 합니다. 둘째, 채권자에게 불리하도록 처분행위가 있어야 합니다. 셋째, 허위로 채무(부담)를 증가시키는 부정한 행위가 있어야 합니다. 넷째, 채권자를 해할 목적으로 행위할 고의가 인정되어야 개인회생사기죄가 성립합니다.

개인 회생절차 개시결정이 법원에서 확정되어야 성립합니다. 단순 개인회생신청 단계에서는 사기개인회생죄가 성립을 하지 않습니다. 다시 말해 재산 은닉, 허위 채무 작성 등의 부정행위를 고의적으로 하여 개인회생 절차를 통해 부당한 이익을 얻으려는 경우 사기 개인회생죄가 성립됩니다. 단순 실수나 착오는 처벌되지 않습니다.

위와 같이 채무자의 행위가 성립요건이 모두 충족될 경우 본서에 첨부된 실전 고소장을 참고로 고소장을 작성해 피고소인의 주소지를 관할하는 경찰서에 고소장을 접수하고 범죄사실에 따른 피해 입은 내용을 진술조서를 통하여 설명하고 입증하시면 채무자를 무거운 형사처벌을 받게 하고 원만히 해결할 수 있습니다. 구체적인 고소방법이나 고소절차는 본 도서의 말미에 초보자도 쉽게 이해하기 쉽게 설명이 되어있습니다.

 법원에서 갑자기 채무자가 신청한 개인파산이나 개인회생 개시결정을 받은 경우 바로 법원으로 가셔서 채무자가 신청한 개인파산 등 신청서류를 열람 또는 등사하여 채무자의 행위가 위와 같은 성립요건이 충족되거나 채무자 회생 및 파산에 관한 법률 위반과는 별도로 채무자가 고소인을 속이고 돈을 빌린 후 돈을 갚지 않은 상태의 기망행위가 있다면 형법 제347조 사기죄로 가차 없이 형사 고소하여 채무자를 무거운 형사처벌을 요구할 수 있는 방법을 자세히 수록하였으므로 본서를 적극 권장하고 싶습니다.

 감사합니다.

차례

제1장 사기파산죄 사기회생죄 처벌하는 고소방법

제1절 사기파산죄

파산범죄를 논의하려면 "경제범죄" 라는 개념정립이 선행되어야 합니다.

우선 경제범죄는 "경제법"(상의 형별규정) 전제로 하고 있는 것이기 때문에 제법의 모습과 변화에 의해 좌우되는 종속적 성격을 가질 수밖에 없고 또한 경제법의 대상이 사회·경제적인 사정에 따라 유동적·동태적인 성격을 지니고 있기 때문에 경제범죄에 대한 개념 정의가 쉽지 않습니다.

따라서 오늘날에 이르기까지 경제범죄에 대한 통일적 또는 일반적으로 인정되는 개념정의는 없습니다. 경제범죄에 관한 개념정의가 명확하지 않다는 것은 이와 규범적 상관관계에 있는 경제형법의 개념적 논의에도 영향을 주고 있습니다. 대부분의 문헌에서는 경제형법의 개념정의를 경제범죄와 관련해서 전개하고 있다는 점을 감안한다면 여기에서도 경제범죄의 연결고리 하에서 경제형범을 논의하여야 합니다.

사기파산죄는 채무자가 파산선고 전후를 불문하고 자기 또는 타인의 이익을 도모하거나 채권자를 해할 목적으로 파산재단에 속하는 재산을 은닉하거나 손괴하는 등의 행위를 한 경우 성립하는 범죄입니다.

구체적으로는 파산재산(채무자의 재산)을 숨기거나 손괴하며, 채권자에게 불이익이 가도록 재산을 처분하는 행위, 파산재단 부담을 허위로 늘리는 행위, 상업장부를 허위로 작성하거나 은닉·손괴하는 행위 등이 이에 해당됩니다.

사기파산 범죄가 성립하려면 파산선고가 확정되어야 하며, 고의로 법원과 채권자를 속여야 합니다. 사기파산죄가 인정되면 채무자 회생 및 파산에 관한 법률 제650조(사기파산죄) 제1항 채무자가 파산선고의 전후를 불문하고 자기 또는 타인의 이익을 도모하거나 채권자를 해할 목적으로 다음 각 호의 어느 하나에 해당하는 행위를 하고, 그 파산선고가 확정된 때에는 10년 이하의 징역 또는 1억 원 이하의 벌금에 처합니다. 1.파산재단에 속하는 재산을 은닉 또는 손괴하거나 채권자에게 불이익하게 처분을 하는 행위 2.파산재단의 부담을 허위로 증가시키는 행위 3.법률의 규정에 의하여 작성하여야 하는 상업 장부를 작성하지 아니하거나, 그 상업 장부에 재산의 현황을 알 수 있는 정도의 기재를 하지 아니하거나, 그 상업 장부에 부실한 기재를 하거나, 그 상업 장부를 은닉 또는 손괴하는 행위 4.제481조의 규정에 의하여 법원사무관 등이 폐쇄한 장부에 변경을 가하거나 이를 은닉 또는 손괴하는 행위 제2항 수탁자, 신탁재산관리인, 수탁자의 법정대리인, 수탁자의 지배인 또는 법인인 수탁자의 이사가 파산선고의 전후를 불문하고 자기 또는 타인의 이익을 도모하거나 채권자를 해할 목적으로 제1항 각 호의 어느 하나에 해당하는 행위를 하고, 유한책임신탁재산에 대한 파산선고가 확정된 경우에는 10년 이하의 징역 또는 1억 원 이하의 벌금에 처합니다. 단순 실수나 착오 등 고의가 없으면 성립하지 않습니다.

다시 말해 거짓으로 재산 상태를 숨기거나 허위 정보를 제공하여 법원의 파산선고를 받아 부당하게 채무 면책을 받으려는 행위가 바로 사기파산죄입니다. 대표적인 사례로는 재산을 차명으로 숨기고 파산 절차를 악용해 채무를 탕감 받은 경우가 있습니다. 이 법리는 채무자 회생 및 파산에 관한 법률 제650조에 규정되어 있으며, 공소시효는 5년입니다.

개인파산은 채무자가 자신의 재산으로는 모든 채무를 변제할 수가 없는 상태에 빠졌을 때, 법원에 신청하여 채무를 정리하는 절차를 의미합니다. 개인파산 제도는 단순히 빚을 정리하는 것을 넘어서 법원이 면책의 결정을 내려 남은 채무를 탕감 받게 해주는 제도이기도 합니다. 다시 말해서 개인파산은 파산선고와 동시에 면책 절차가 병행될 수 있으며, 채무자의 경제적 재기를 돕기 위한 사회적 안전장치입니다.

파산제도의 취지는 채권자 보호와 채무자의 경제적 재기의 조화에 있습니다. 개인파산은 채무자가 자신의 재산으로 모든 채무를 상환할 수 없을 정도로 지급불능 상태에 빠졌을 때 법원이 이를 정리해 주는 제도입니다. 다시 말해 파산절차를 통하여 채무자의 재산을 '파산재단' 으로 만들고 이를 공정하게 환가를 하여 모든 채권자가 평등하게 배당을 받도록 보장합니다. 이는 개인파산제도가 채권자 간 불공정한 채권 회수를 방지하고, 법적 절차 속에서 공편한 만족을 도모하기 위한 목적을 지닌다는 점에서 매우 중요합니다.

채무자가 도박 등 비윤리적 행위가 아닌 경제적 불운으로 인해 채무불이행에 빠졌을 경우, 법원이 면책제도를 통해 잔여 채무의 변제 책임을 면제함으로써 새 출발의 기회를 부여하고 있습니다. 이는 성실하지만 불운한 채무자가 사회·경제적으로 다시 일어설 수 있게 하는 사회복지적 성격의 제도입니다. 이러한 파산절차는 모든 채권자가 평등하게 채권을 만족 받는 것을 전제로 합니다. 그러나 채무자가 재산을 은닉하거나 허위채무를 꾸며 특정 채권자 또는 자신에게 이익을 우선시하면 집단적 환가 및 배당질서가 붕괴됩니다. 그래서 채무자 회생 및 파산에 관한 법률 제650조는 이러한 행위를 형사 범죄로 규정해 파산제도의 공정성과 채권자 간 편등 원칙을 유지하려는 취지입니다.

개인파산의 제도는 성실하지만 불운한 채무자의 재기를 돕는 제도이므로 파산제도를 악용하여 고의로 재산을 감추거나 허위채권을 조작하는 경우에는 사회적 신뢰가 훼손됩니다. 이에 채무자 회생 및 파산에 관한 법률 제650조에는 파산절차의 정당성과 법적 신뢰를 보호하기 위해 제도의 악용을 방지하는 형사적 억제 장치로 마련되었습니다. 다시 말해 채무자 회생 및 파산에 관한 법률 제650조의 위반행위는 동시에 면책 불허가 사유(법 제564조 제1항 제1호)에 해당합니다. 따라서 동일한 불성실 행위를 형사적 제재뿐만 아니라 민사적 불이익으로도 제어하여 성실한 채무자만이 구제를 받도록 유도하는 목적도 함께 마련하였습니다.

대법원은 채무자 회생 및 파산에 관한 법률 제650조의 '자기 또는 타인의 이익을 도모할 목적' 에 대해, 단순한 인식이나 동기가 아니라 채권자를 해할 정도의 적극적인 이익추구 의사를 요한다고 판시하였습니다. 이는 제650조의 단순한 경제범죄가 아닌 파산제도의 근간을 위협하는 행위로 인식하고 엄격하게 처벌하려는 의도를 반영합니다. 결국 채무자 회생 및 파산에 관한 법률 제650조는 성실한 채무자 보호와 불성실한 채무자 처벌인 균형에 있으며 파산제도를 악용한 사기죄 행위를 형사적으로 단속함으로써 파산제도의 공정성과 사회적 신뢰를 유지하려는데 있습니다.

1. 행위의 유형

(1) 재산의 손괴·은닉·불이익 처분

사기파산죄은 재산을 손괴, 은닉하거나 채권자 기타의 관계인에게 불이익 하게 처분하는 것입니다(법 제643조 제1항 제1호, 제650조 제1호). 여기 서 손괴라 함은 형법 제366조의 손괴죄와 같이 본다면 타인의 재물을 손 괴 또는 은닉하거나 기타의 방법으로 그 효용을 해하는 경우에 성립하고, 여기에서 재물의 효용을 해한다고 함은 사실상으로나 감정상으로 그 재물 을 본래의 사용목적에 제공할 수 없게 하는 상태로 만드는 것을 말하며, 일시적으로 그 재물을 이용할 수 없는 상태로 만드는 것도 여기에 포함됩니다.

특히 건조물의 벽면에 낙서를 하거나 게시물을 부착하는 행위 또는 오물을 투척하는 행위 등이 그 건조물의 효용을 해하는 것에 해당하는지 여부는, 당해 건조물의 용도와 기능, 그 행위가 건조물의 채광·통풍·조망 등에 미치 는 영향과 건조물의 미관을 해치는 정도, 건조물 이용자들이 느끼는 불쾌 감이나 저항감, 원상회복의 난이도와 거기에 드는 비용, 그 행위의 목적과 시간적 계속성, 행위 당시의 상황 등 제반 사정을 종합하여 사회통념에 따 라 판단하여야 합니다,

무엇이 불이익하게 처분하는 것에 해당하는가에 관하여 일부 채권자에 대 한 편파변제는 파산에 있어서는 담보의 제공이나 변제가 의무에 속하지 않 는 행위에 관하여 보다 법정형이 가벼운 과태파산죄로 하는 규정이 있고 (법 제651조 제2호), 이 규정과의 균형상 사기파산죄가 된다고 해석합니 다. 그러나 편파변제가 일부의 채권자에게 이익을 주는 반면 다른 채권자 를 해하는 것은 부인의 경우와 마찬가지이고 입법론으로서는 재고하여야 할 점입니다.

재산에는 동산·부동산뿐만 아니라 재산적 가치가 있어 민사소송법에 의한

강제집행 또는 보전처분이 가능한 특허 내지 실용신안 등을 받을 수 있는 권리도 포함이 됩니다. 강제집행면탈죄의 객체는 채무자의 재산 중에서 채권자가 민사집행법상 강제집행 또는 보전처분의 대상으로 삼을 수 있는 것만을 의미하므로, '보전처분 단계에서의 가압류채권자의 지위' 자체는 원칙적으로 민사집행법상 강제집행 또는 보전처분의 대상이 될 수 없어 강제집행면탈죄의 객체에 해당한다고 볼 수 없고, 이는 가압류채무자가 가압류해방금을 공탁한 경우에도 마찬가지인데, 사기회생죄·사기파산죄에서도 동일하다고 봅니다.

판례 중에는 명의신탁 부동산의 실질적 소유자인 피고인이 강제집행을 면탈할 목적으로 부동산을 허위 양도하여 채권자들을 해하였다고 하여 강제집행면탈죄로 기소된 사안에서, 위 부동산 중 대지는 피고인이 매입하여 甲 명의로 명의신탁 해 두었다가 임의경매 절차를 통하여 乙 에게 매각되자 다시 丙 회사의 명의로 매수하여 丙 회사 명의로 소유권이전등기를 마친 것인데, 이는 신탁자인 피고인과 명의수탁자인 丙 회사의 계약명의신탁 약정에 의한 것이므로 소유자 乙이 그러한 약정이 있다는 사실을 알았는지에 관계없이 명의신탁자인 피고인은 대지의 소유권을 취득할 수 없고, 이후로도 위 대지에 관하여 피고인 이름으로 소유권이전등기를 마친 적이 없다면 피고인에 대한 강제집행이나 보전처분의 대상이 될 수 없어 피고인에 대한 강제집행면탈죄의 객체가 될 수 없다고 한 사례도 있습니다.

한편 판례는 2인 이상 서로 대향된 행위의 존재를 필요로 하는 대향범에 대하여는 공범에 관한 형법총칙 규정이 적용될 수 없다는 입장인데, 그러한 입장에 따른다면 불이익한 처분의 상대방은 사기회생죄, 사기파산죄의 공동정범, 교사범, 방조범으로 처벌할 수 없다고 보아야 할 것입니다.

사기파산죄에서 '손괴', '은닉', '불이익한 처분'이라 함은 모두 채무자가 자신의 재산을 고의적으로 파산재단에서 제외하거나 가치가 줄어들게 만들어 채권자에게 손해를 주는 행위를 의미합니다. 이는 「채무자 회생 및 파산에 관한 법률」 제650조 제1항 제1호에 근거하며, 해당 파산이 확정되면 10년 이하의 징역 또는 1억 원 이하의 벌금으로 처벌됩니다.

손괴는 파산재단에 속하는 재산의 경제적 가치를 감소시키거나 소멸시키는 행위를 의미합니다. 다시 말해 기계를 고의로 파손하거나, 상품을 폐기하여 자산 가치를 떨어뜨리는 경우가 여기에 해당합니다. 즉, 재산이 존재는 하나 파산재단으로 환원될 수 없게 만드는 행위입니다.

은닉은 파산관재인이나 채권자가 재산을 발견하거나 관리할 수 없게 숨기거나 채무자의 배우자, 가족, 지인, 제3자 명의로 이전하는 행위를 말합니다. 예를 들어, 채무자가 가족 명의로 점포의 명의를 이전하거나 부동산을 이전하고 배우자나 가족, 지인, 제3자 명의로 된 계좌로 금전을 송금하여 소유관계를 감추는 것이 이에 해당합니다. 이는 파산재단의 정확한 규모를 감추려는 의도가 있을 때 성립합니다.

채권자에게 불이익한 처분은 재산을 정당한 대가 없이 또는 현저히 불리한 조건으로 처분해 채권자들의 공평한 변제를 방해하는 행위입니다. 예컨대, 정상가보다 훨씬 낮은 가격 또는 헐값으로 배우자, 가족, 지인, 친구에게 재산을 넘기거나, 특정 채권자에게만 우선적으로 변제하는 행위가 이에 해당합니다.

사기파산죄는 이러한 손괴·은닉·불이익 처분 등으로 파산재단을 인위적으로 축소하거나 가치를 훼손하여 채권자들의 권리행사를 방해하는 범죄이며, 채무자가 자기 또는 타인의 이익을 도모하거나 채권자를 해할 목적이 존재해야 성립합니다.

(2) 처벌의 근거

처벌규정으로는 채무자나 파산재단의 부담을 허위로 증가시키는 행위(법 643조1항2호, 650조2호), 상업장부의 부작성, 불기재, 부정기재, 손괴, 은닉(법643조1항3호, 650조3호), 제3자가 도산채권자 또는 주주로서 하는 허위의 권리행사(법644조, 654조), 회생에만 있는 유형으로서 부정수표단속법에 의한 처벌 회피를 주된 목적으로 회생절차 개시의 신청을 하는 행위, 파산에만 있는 유형으로서 법원사무관 등이 폐쇄한 장부(법481조)의 변경, 은닉, 손괴(법650조4호)가 있습니다.

2. 사기파산죄 유죄 판례

사기파산죄의 유죄 판례는 실제 채무자가 파산신청 후 파산재단에 속하는 재산을 은닉하거나 보증금 및 권리금을 본인 명의 계좌가 아닌 제3자(예를 들어 제3자 공인중개사) 계좌로 송금 받아 개인 용도로 사용한 사건이 있습니다. 다시 말해 피고인이 운영하던 두 번째 점포를 ○,○○○만원 상당의 임대차보증금과 권리금을 양도받고, 파산신청 당시 이를 재산목록에 기재하지 않고 제3자 공인중개사의 계좌로 받아 개인적으로 사용한 행위가 사기파산죄로 인정되어 처벌된 사례가 있습니다. 이 판례에서는 파산신청 후 재산을 은닉·처분하여 채권자에게 불이익을 초래한 점이 중점적으로 고려되었습니다.

한편 다른 판례에서는 피고인이 급여 채권이나 수당금 수령 계좌를 본인 명의에서 타인 명의로 변경하여 재산목록에 누락함으로써 채무자 회생 및 파산에 관한 법률 제650조(사기파산죄) 제1항 사기파산죄 및 형법 제327조 강제집행면탈죄가 인정된 경우도 있습니다.

이처럼 사기파산죄는 채무자가 파산 절차에서 고의로 자신의 재산 현황을 숨기거나 불법 처분해 채권자에게 손해를 입히는 경우 법원이 엄격히 처벌하는 대표적인 판례들이 다수 존재합니다.

주요 판례 핵심은 파산 재산 은닉 및 허위 신고, 채권자의 권리 침해 의도 등이 인정되어야 유죄로 판단하며, 단순 누락과 같은 소극적 기재 불이행과는 구별됩니다.

3. 채권자를 해할 목적

사기파산죄에서 "채권자를 해할 목적"이라는 것은 채무자가 자신의 파산 절차에서 채무를 갚지 않기 위해서 고의로 파산재산을 은닉하거나 손괴하고, 특정 채권자에게만 편익을 주거나, 채권자들이 정당하게 만족을 받지 못하도록 방해하는 의도를 말합니다. 다시 말해 채권자 전체의 권리를 침해하고 공평한 재산 분배를 방해하려는 악의적인 목적을 뜻합니다.

채권자를 해할 목적은 단지 특정 채권자 한 명이 아니라, 파산 절차에 참여하는 모든 채권자를 해하려는 의도로 파산재산을 불법적으로 처리하는 경우를 포함합니다. 이로 인해 채권자들은 파산재산에서 공평한 배당을 받지 못하게 되며, 이것은 사기파산죄의 핵심적인 불법행위로 처벌 대상이 됩니다. 법적으로 이러한 목적은 채무자의 파산 책임 회피와 채권자들의 권리 침해라는 점에서 엄격히 금지됩니다.

사기파산죄에서의 채권자를 해할 목적은 파산 재산의 불법 은닉, 손괴, 불이익 처분 등을 통해 채권자들의 공평한 권리를 침해하고 파산 절차를 악용하려는 고의적 의도를 의미합니다.

채권자를 해할 목적은 채무자가 자신의 재산을 처분(가족이나 제3자에게 명의를 이전)하거나 은닉(재산을 빼돌리거나 숨기는 경우)하여 채권자들이 자신에게 갖는 채권을 변제받지 못하게 할 의도나 고의적인 행위를 의미합니다. 다시 말해서 채권자를 해할 목적은 사해행위 및 채권자취소권과 밀접히 관련된 개념이므로 채무자가 고의로 재산을 빼돌리거나 허위로 처분함으로써 채권자들의 권리행사, 특히 강제집행을 방해하는 상황을 의미합니다.

구체적으로 채권자를 해할 목적이 인정되려면 첫째, 채무자의 재산권을 목적으로 하는 법률행위이어야 합니다. 예를 들어 매매, 증여, 저당권 설정 등이 이에 해당합니다. 둘째, 그의 법률행위가 채권자를 해하는 다시 말해 채권자가 채무를 충분히 변제받지 못하게 하는 의도를 가지고 행해져야 합니다.

채무자가 이미 빚이 금융자산보다 많거나 초과가 된 상태에서 자신의 재산을 시세보다 낮은 가격으로 제3자 지인 등에게 매도하거나 몰래 은닉(가족이나 친인척의 명의로 재산을 빼돌린 경우)하여 재산이 줄어듦으로써 채권자가 변제받을 수 없게 하는 경우가 이에 해당합니다. 이를테면 채권자를 해할 목적은 단순한 재산처분이 아닌 채권자의 권리를 고의로 침해하는 행위임을 인정되어야 합니다. 개인파산죄에서 요구하는 '채권자를 해할 목적' 은 파산 과정에서 재산 은닉이나 허위 채무 등으로 채권자의 권리를 해치려는 고의적 의도를 가리키는 중요한 법적 개념이라 할 수 있습니다.

개인파산 또는 강제집행을 면하기 위해 채무자가 중요한 재산을 은닉하거나 허위로 처분하는 경우 채무자 회생 및 파산에 관한 법률 제650조에 따라서 10년 이하의 징역 또는 1억 원 이하의 벌금에 처하고, 한편 채권자의 강제집행을 피할 목적으로 채무자가 재산을 은닉, 손괴, 허위 양도, 또는 허위 채무를 부담하여 채권자를 해하는 행위는 형법 제327조 강제집행면탈죄에 따라서 3년 이하의 징역 또는 1,000만 원 이하의 벌금에 처해집니다. 민사상으로는 채권자취소권 행사로 해당행위가 무효화 되고 원상회복 청구가 가능합니다.

허위 채무를 만들어 채무액을 부풀리고 재산을 줄이며 채권자의 권리를 해하는 경우 형법 제347조 사기죄로 10년 이하의 징역 또는 2,000만 원 이하의 벌금에 처할 수 있고 채무자 회생 및 파산에 관한 법률 제650조에 따라 10년 이하의 징역 또는 1억 원 이하의 벌금에 처해질 수 있습니다. 사업자의 장부를 허위로 작성하거나 은닉하여 실제 재산 및 채무 상태를 숨기는 경우 형법 제347조 사기죄로 10년 이하의 징역 또는 2,000만 원 이하의 벌금에 처하고, 채무자 회생 및 파산에 관한 법률 제650조에 따라 사기파산죄로 10년 이하의 징역 또는 1억 원 이하의 벌금으로 처벌됩니다.

사업자가 장부를 허위로 작성, 은닉하여 실제로 재산 및 채무 상태를 숨기거나 채권자를 해할 목적으로 재산을 시세보다 현저히 낮은 가격으로 매각하는 경우 해당 행위가 취소되거나 채무자 회생 및 파산에 관한 법률 제650조에 따라서 10년 이하의 징역 또는 1억 원 이하의 벌금에 처할 수 있습니다. 실제로 사업장에서 장부를 조작하여 재산 상황을 숨긴 채 파산 신청을 한 경우 법원은 면책 불허가 및 형사처벌의 판결을 내렸습니다. 이는 채무자가 자신의 채무 이행 의무를 회피하기 위해 부정한 수단을 사용한 경우 법원이 엄격하게 대응하고 있음을 보여주고 있습니다. 민사적으로는 채권자취소권 행사로 부당한 재산 이전 등이 무효화되고 형사적으로는 형법 제347조 사기죄, 채무자 회생 및 파산에 관한 법률 제650조 사기파산죄에 따라 강력한 처벌을 받게 됩니다.

4. 파산재산 은닉

파산재산 은닉은 파산절차에서 채무자가 파산재단에 속하는 재산을 고의로 숨기거나 손괴하여 채권자들이 그 재산을 발견하거나 회수하기 어렵게 만드는 행위를 의미합니다. 이는 재산의 소재를 불명하게 하거나 재산의 소유관계를 숨기는 행위까지 포함됩니다. 파산재단에 속하는 재산은 파산선고 당시 채무자가 가진 모든 재산을 말합니다.

채무자 회생 및 파산에 관한 법률 제650조 제1항 제1호에 따르면, 파산 선고 전후를 불문하고 사기파산죄로서, 채무자가 자기 또는 타인의 이익을 도모하거나 채권자를 해할 목적으로 파산재단에 속하는 재산을 은닉하거나 손괴하거나 불이익하게 처분하면 10년 이하 징역 또는 1억 원 이하 벌금 처벌을 받습니다.

재산 은닉에는 단순히 재산 소재를 숨기는 경우 외에도 파산 전 친족 명의로 재산을 이전하거나 타인 명의로 영업을 하는 행위도 포함될 수가 있습니다. 또한, 형법 제327조 강제집행면탈죄와도 연결되어, 강제집행을 면할 목적으로 재산을 은닉·손괴·허위 양도하는 경우 3년 이하 징역 또는 1,000천만 원 이하 벌금에 처해질 수 있습니다

재산 은닉이 인정되면 파산면책 불허가 사유가 될 수 있습니다.

파산관재인 또는 법원에 대해 재산에 관한 필수적인 설명을 거부하거나 허위 자료를 제출하는 행위도 채무자 회생 및 파산에 관한 법률 제658조 설명의무위반죄로 제재 받을 수 있습니다.

다시 말해 파산재산 은닉은 법적으로 중대한 범죄행위이며, 파산절차에서 이를 고의로 행하면 형사처벌과 함께 면책 불허가 등의 불이익을 받게 됩니다. 이에 대응하여 채권자는 채무자가 법원에 제출한 파산신청 서류를 열람 또는 등사 신청하여 검토, 재산의 위치 추적 및 고의적 은닉 정황 자료 수집 등을 통해 법적 대응을 하여야 합니다.

파산신청 전 친족이나 제3자 명의로 재산을 이전하여 자신의 명의에서 재산을 숨기는 행위가 가장 많습니다. 예를 들어, 사업장 권리금 및 보증금을 본

인 명의가 아닌 의뢰하였던 공인중개사 명의 계좌로 송금을 받아 개인용도로 사용한 경우가 있습니다.

실제 채권자와 무관한 가족 및 지인 명의로 채권·채무 관계를 변경하여 파산 재산 은닉을 시도하는 사례도 굉장히 많습니다. 허위 소비대차 공정증서 작성 등으로 형식상 재산을 은닉하는 경우가 이에 해당합니다.

생활 상태 및 수입, 지출에 관한 서면에서 허위 내용을 제출하거나, 무직 상태임을 가장하고 활동 중인 사업체의 소득을 은닉하는 행위도 은닉에 포함되어 해당됩니다.

하물며 가족 명의로 보험계약을 체결하고 보험료를 재산 은닉 수단으로 이용하는 사례도 많습니다.

채무자의 명의로 사업자등록이 되어 있는 점포에 대해 배우자의 명의로 사업자 명의를 이전해 놓고 버젓이 채무자가 영업하고 얻는 수입을 빼돌려 사용하고 있는 사례도 굉장히 많습니다.

채권자의 강제집행을 피하기 위해 재산을 은닉하거나 허위로 양도하는 행위가 형법 제327조 강제집행면탈죄에 해당하며, 실제 집행 위험이 있는 상태에서 이루어진 경우 3년 이하의 징역이나 1,000만 원 이하의 벌금으로 처벌됩니다.

파산 재단에 속하는 재산을 발견하기 어렵게 하거나 소유 관계를 불분명하게 만드는 행위로서, 법원과 채권자에 의해 은닉 행위로 인정될 수 있으므로 사안에 따라 채무자 회생 및 파산에 관한 법률 제650조 사기파산죄나 형법 제347조 사기죄, 형법 제327조 강제집행면탈죄로 고소하시면 채무자를 처벌시킬 수도 있고 파산산고를 취소시킬 수 있습니다.

5. 파산재산 손괴

파산재산 손괴는 파산재단에 속하는 재산을 고의로 물리적 훼손하거나 가치를 감소시키는 행위를 의미합니다. 단순한 물리적 손상뿐 아니라 재산의 가치를 줄이는 모든 행위를 포함합니다.

파산재단은 채무자가 파산 선고 당시에 가진 모든 재산을 의미하나, 압류금지 재산은 제외됩니다. 또한 파산재단에 속하는 재산에는 퇴직금청구권 등 미래 청구권도 포함될 수 있습니다

파산재단에 속하는 재산을 은닉, 손괴하거나 채권자에게 불이익하게 처분하는 행위는 채무자 회생 및 파산에 관한 법률 제650조 사기파산죄에 해당합니다. 이는 파산자가 자신의 이익 또는 타인의 이익을 도모하거나 채권자를 해할 목적으로 행하는 경우 처벌받습니다,

사기파산죄가 성립하면 10년 이하 징역 또는 1억 원 이하 벌금에 처해질 수 있습니다

파산재산을 은닉하거나 손괴하는 행위는 파산 선고 전후를 불문하고 처벌 대상이 되며, 재산의 소재를 숨기거나 소유 관계를 불명하게 만드는 것도 이에 포함됩니다.

채무자 회생 및 파산에 관한 법률 제650조 제1항 제1호에서는 파산재단에 속하는 재산을 은닉, 손괴, 불이익 처분하는 행위를 금지하고 있으며, 이 경우 면책 불허가 사유로 작용합니다.

법원 판례도 파산재단에 속하지 않는 재산을 임의로 처분하는 것은 관련 법 위반이 아니라고 제한적으로 해석하고 있습니다.

파산재산 손괴는 파산재단에 속하는 재산을 고의로 훼손하여 채권자에게 손해를 끼치는 행위이며, 이는 채무자 회생 및 파산에 관한 법률 제650조 사기 파산죄로 엄격히 처벌됩니다.

처벌은 고의성과 재산의 가치 훼손 정도, 손괴 행위의 결과 등에 따라 달라질 수 있습니다. 단순 손괴가 아닌 채권자에게 실질적인 손해가 발생한 경우 형이 더 무거워집니다. 파산재단에 명백히 속하는 재산에 대한 손괴여야 하며, 면책 불허가 사유가 되는 엄중한 범죄로 간주됩니다.

파산 선고 전후에 관계없이 재산을 은닉, 손괴하거나 불이익하게 처분한 사실이 발견되면 처벌 대상이 됩니다.

실제 판례에서는 파산재단에 속하는 재산을 은닉하거나 허위 신고를 통한 재산 축소가 사기파산죄로 인정되어 징역형이 선고된 사례가 많은 편입니다.

손괴 행위가 재산 가치를 현저히 떨어뜨리는 등 구체적 피해가 입증되면 처벌 수위가 올라갑니다.

파산재산 손괴는 채무자회생 및 파산에 관한 법률에 따라 최대 10년 이하 징역 또는 1억 원 이하 벌금형으로 처벌받을 수 있는 중대한 범죄이며, 고의성과 재산 손해 정도를 기준으로 형이 결정됩니다.

6. 손괴와 은닉의 법적 구별 기준

손괴의 정의와 법적 의미는'손괴'란 타인의 재산 또는 법률상 보호되는 물건에 대하여 고의로 물리적 파손, 훼손, 멸실, 또는 그 가치를 저하시킨 행위를 의미합니다. 물리적인 형체의 변형이나 손상을 의미하며, 재산 가치의 감소가 중요한 요소입니다.

파산재산과 관련하면, 파산재단에 속하는 재산을 고의로 훼손하거나 가치를 떨어뜨리는 행위가 손괴에 해당합니다.

은닉의 정의와 법적 의미는'은닉'은 재산의 소재, 권리, 소유관계를 숨기거나 감추어 타인이 재산을 확인하거나 처분하는 것을 어렵게 만드는 행위를 뜻합니다. 물리적 파괴는 없으나 재산의 실체나 위치를 고의로 감추는 점이 핵심입니다

은닉 행위는 파산재산의 존재를 숨기거나 재산을 타인에게 이전하여 채권자들이 알지 못하게 하는 행위로 예를 들 수 있습니다,

법적 구별 및 적용기준 손괴는 물리적 피해가 있어야 하므로, 재산이 파손, 손상, 멸실된 경우에 해당합니다.

은닉은 물리적 손상이 없이 재산의 실체나 위치를 감추는 행위로, 재산 보호나 채권자 권리 행사에 장애를 초래합니다.

두 행위 모두 파산재산에 대해 채권자에게 불이익을 주는 범죄로 취급되지만,

처벌 법조항 및 판례 해석에서 구체적 행위 유형에 따라 구별하여 적용됩니다.

손괴는 파산재산을 물리적으로 훼손하는 행위이고, 은닉은 재산의 존재를 숨기거나 감추는 행위로 법적으로 서로 구별됩니다.

7. 채권자에게 불이익하게 처분하는 행위

채권자에게 불이익하게 처분하는 행위라 함은 사기파산죄는 채무자가 파산선고 전후를 불문하고 자기 또는 타인의 이익을 도모하거나 채권자를 해할 목적으로 파산재단에 속하는 재산을 은닉 또는 손괴하거나'채권자에게 불이익하게 처분하는 행위'를 말합니다.

이러한 행위는 채무자회생 및 파산에 관한 법률 제650조에 규정되어 있으며, 형사처벌 대상으로 10년 이하의 징역 또는 1억 원 이하의 벌금이 부과될 수 있습니다.

구체적으로 "채권자에게 불이익하게 처분하는 행위" 는 파산재단에 속하는 재산을 고의로 감추거나 파산 절차에서 채권자들이 받을 수 있는 재산을 감소시키기 위해 재산을 처분하는 모든 행위를 포함하며, 다시 말해 재산을 채무자의 배우자, 가족, 지인 등의 명의로 이전하는 행위, 자산의 경제적 가치를 인위적으로 감소시키는 행위 등이 이에 해당합니다.

이 뿐만 아니라, 사기파산죄는 파산 선고나 면책 결정이 확정된 경우에도 성립하며, 면책 불허가 사유가 되기도 합니다. 따라서 채무자가 파산 절차에서 채권자에게 불이익을 주는 재산 처분을 하면 그 파산 신청이 취소될 수 있고, 별도의 채무자 회생 및 파산에 관한 법률 제650조에 의하여 10년 이하의 징역 또는 1억 원 이하의 벌금으로 형사처벌도 받게 됩니다.

채권자에게 불이익하게 처분하는 행위는 파산재단에 속하는 재산을 은닉하거나 손괴하는 것과 균형을 이루는 개념으로, 채권자에게 절대적으로 불리한 처분행위를 말합니다. 구체적으로 이는 재산을 증여하거나 현저히 부당한 가격 즉 헐값으로 매각하는 행위 등이 포함되며, 이러한 행위는 모든 채권자에게 피해를 줄 수 있는 일체의 처분을 포괄합니다.

다시 말해서 채무자가 자기 또는 타인의 이익을 도모하거나 채권자를 해할 목적으로 파산재단 재산을 숨기거나 물리적 가치 훼손 외에도, 정상적인 가치 이하로 매각하거나 재산을 배우자, 가족, 지인 등 특정인에게 이전하는 것이 이에 해당합니다. 이러한 행위는 사기파산죄에 해당하여 채무자 회생 및 파산에 관한 법률 제650조에 의하여 10년 이하의 징역 또는 1억 원 이하의 벌금으로 형사처벌도 받게 될 뿐 아니라 파산 면책 불허가 사유가 됩니다.

8. 파산재단의 부담을 허위로 증가시키는 행위

파산재단의 부담을 허위로 증가시키는 행위는 파산 절차에서 실제 존재하는 채무보다 더 많은 허위 채무를 만들어 파산재단에 부담을 과도하게 늘리는 것을 의미합니다. 이는 총 채권자에 대한 배당 가능성을 부당하게 저하시킬 위험이 있어 채무자 회생 및 파산에 관한 법률 제650조에 의하여 사기파산죄로 처벌 대상이 됩니다.

구체적으로는, 채무자가 파산선고 전후를 막론하고 자기 또는 타인의 이익을 도모하거나 채권자를 해할 목적으로 다음 행위를 하는 경우, 파산법에 의해 10년 이하의 징역 또는 1억 원 이하의 벌금에 처해질 수 있습니다

파산재단에 속하는 재산을 은닉, 손괴하거나 채권자에게 불이익하게 처분하는 행위, 파산재단의 부담을 허위로 증가시키는 행위, 법률에 따라 작성해야 할 상업 장부를 작성하지 않거나 부실하게 작성하는 행위 등 허위 채무를 과다하게 부담한 것처럼 속여 법원으로부터 파산선고나 면책결정을 받으려는 시도가 사기파산죄에 해당합니다.

이러한 행위는 파산채권자에 대한 배당을 저해하고 공정한 파산 절차를 훼손하기 때문에 법적으로 엄격히 금지되고 있습니다.

파산재단의 부담을 허위로 증가시키는 행위가 성립한 구체적 사례는 서울중앙지방법원 2015고합688 판례에서는 피고인이 자기 이익을 도모하고 채권자를 해할 목적으로 수백억 원 상당의 재산을 차명으로 은닉하는 동시에 7억 원 상당의 허위 채무를 부담하여 파산재단의 부담을 허위로 증가시킨 사례가

있습니다. 피고인은 실명 취득이 가능한 유일한 재산인 급여를 보호하기 위해 약 5억 원과 2억 원 규모의 허위 채무를 부담하는 방법으로 급여 일부를 압류되지 않도록 하였고, 이를 바탕으로 거짓으로 파산선고결정을 받았습니다. 이 사건에서 허위채무 부담은 채권자의 권리행사를 방해하고 파산재단의 가치를 부당하게 감소시키는 결과를 초래했습니다.

또 다른 사례로는, 채무자가 변제능력이나 변제 의사가 없음에도 파산신청 40일 전까지 여러 피해자들로부터 고의로 돈을 빌려 채무 변제와 생활비용으로 사용한 사건이 있습니다. 이 경우도 파산재단 부담을 허위로 증가시키는 채무자 회생 및 파산에 관한 법률 제650조에 의하여 사기파산죄로 인정되었습니다.

이와 같이 허위채무 설정, 재산 은닉, 차명재산 운용 등의 행위가 구체적인 사례로 법원에서 채무자 회생 및 파산에 관한 법률 제650조에 의하여 사기파산죄로 처벌받고 있습니다.

제2절 법인파산

파산절차는 채권자 또는 채무자가 파산신청을 할 수 있는데, 채권자가 파산신청을 하는 경우에는 채권의 존재 및 파산의 원인인 사실을 소명하여야 합니다. 회생절차의 경우에는 신청권자의 신청에 의해서만 개시가 가능한 반면에 파산절차는 법원의 직권으로 개시되는 경우도 있습니다.

법원이 직권으로 파산절차를 개시하는 경우는 필수적 파산선고와 임의적 파산선고로 구분됩니다. 필수적 파산선고는 파산선고를 받지 아니한 채무자에 대하여 회생계획인가가 있은 후 회생절차폐지의 결정이 확정된 경우 법원은 그 채무자에게 파산의 원인이 되는 사실이 있다고 인정하는 때와 파산선고를 받은 채무자에 대한 회생계획인가결정으로 파산절차가 효력은 잃은 후 회생절차폐지결정이 확정된 때에는 법원은 반드시 파산을 선고 하여야 합니다(채무자회생법 제6조 제1항).

임의적 파산선고는 회생절차개시신청의 기각결정, 회생계획인가 전 회생절차폐지의 결정, 회생계획불인가결정이 확정된 경우 법원은 임의적으로 파산선고를 할 수 있다(채무자회생법 제6조 제2항).파산절차에서 파산선고를 받은 채무자, 파산선고를 받은 채무자의 법정대리인, 파산선고를 받은 채무자의 이사, 파산선고를 받은 채무자의 지배인, 상속재산에 대한 파산의 경우 상속인과 그 법정대리인 및 지배인을 구인하도록 명할 수 있습니다.

구인에 관한 규정은 형사소송법의 구인에 관한 규정을 준용하고 있습니다. 파산선고를 하게 되면 파산관재인을 선임하고 파산재단에 대한 관리처분권은 파산관재인에게 속합니다(채무자회생법 제384조).

파산이 선고되면 파산채권자는 파산절차에 의하지 아니하고는 파산채권을 행사할 수 없고, 파산관재인이 파산채권자전체의 공동의 이익을 위하여 선량한 관리자의 주의로서 그 직무를 행하므로, 파산관재인은 파산선고에 따라 채무자와 독립하여 그 재산에 관하여 이해관계를 가지게 된 제3자로서의 지위도 가지게 됩니다.'법인파산은 자신의 모든 채무를 변제할 수 없는 지급불능상태 또는 부채가 자산을 초과하는 부채초과상태에 있는 법인이라면 회사 등 영리법인과 비영리법인 모두 신청 할 수 있습니다. 은행대출금, 신용카드대금, 거래대금, 임금 및 퇴직금, 조세 등 채무의 원인을 불문하고, 금액의 많고 적음도 상관없습니다. 채무자 법인의 이사, 무한책임사원, 청산인은 대표이사나 대표사원이 아니더라도 채무자의 파산을 신청할 수 있고 채권자도 또한 지급불능 또는 부채초과상태에 빠진 채무자 법인에 관하여 파산신청을 할 수 있습니다.

관할법원은 채무자 법인의 본점소재지가 서울에 있는 경우 서울회생법원에, 인천, 경기도, 강원도에 있는 경우에는 서울회생법원 또는 본점소재지 관할 지방법원 본원에, 그 밖의 경우에는 본점소재지 관할 지방법원 본원에 접수하는 것을 원칙으로 합니다.

제3절 개인파산

　개인인 채무자가 자신의 재산으로 모든 채무를 변제할 수 없는 상태에 빠진 경우에 그 채무와 정리를 위하여 채무자 또는 채권자가 파산신청을 하는 경우입니다. 면책은 성실하거나 불운한 채무자에게 파산절차를 통하여 변제되지 아니한 나머지 채무에 대한 변제책임을 파산법원의 재판으로 면제시킴으로써 채무자의 경제적 재출발을 도모하는 것으로 개인채무자에게만 인정되는 제도입니다.

　다시 말해 개인파산과 면책제도는 파산선고 당시에 채무자의 재산으로 파산재단을 형성하여 채권자들에게 배당하는 파산절차와 파산자 중에서 면책불허 사유가 없는 경우 면책을 결정하는 면책절차로 이루어집니다. 개인파산을 신청하는 채무자가 면책을 받기 위해서는 파산신청과 별개로 면책을 신청하여야 합니다.

　채무자에게 파산이 선고되면, 공무원, 부동산중개업자, 사립학교 교원 등이 될 수 없는 등 법률상 여러 제약이 있고, 회사에 근무하는 경우 회사의 사규나 취업규칙에 의해 당연 퇴직이 되는 경우도 있습니다. 이러한 불이익은 면책결정이 확정되면 소멸하지만, 면책결정을 받지 못하는 경우 또는 스스로 면책신청을 취하하는 경우에 별도 절차를 거치지 않는 이상 소멸되지 않습니다.

　면책불허가 사유는 다음과 같습니다. ① 채무자가 자기 재산을 숨기거나, 다른 사람명의로 바꾸거나 헐값에 팔아버린 행위, ② 채무자가 채무를 허위로 증가시키는 행위, ③ 채무자가 과도한 낭비 또는 도박 등을 하여 현저히 재산을 감소시키거나 과대한 채무를 부담하는 행위, ④ 채무자가 신용거래로 구입한 상품을 현저히 불리한 조건으로 처분하는 행위, ⑤ 채무자가 파산원인인 사실이 있음을 알면서 어느 채권자에게 특별한 이익을 줄 목적으로 채무자의 의무에 속하지 않거나 그 방법 또는 시기가 채무자의 의무에 속하지 않는데도 일부 채권자에게만 변제하거나 담보를 제공하는 행위(아직 변제기가 도래하지 않은 일부 채권자에게만 변제하거나 원래 대물변제 약정이 없는데도 일부 채권자에게 대물 변제하는 행위를 포함합니다), ⑥ 채무자가 허위의 채권자목록 그 밖의 신청서류를 제출하거나 법원에 대하여 그 재산 상태에 관하여 허위의 진술을 하는 행위, ⑦ 채무자가 파산선고를 받기 전 1년 이내에 파산의 원인인 사실이 있음에도 불구하고 그 사실이 없는 것으로 믿게 하기 위하여 그 사실을 속이거나 감추고 신용거래로 재산을 취득한 사실이 있는 때, ⑧ 과거 일정기간(개인파산 면책 확정일로부터 7년, 개인회생 몇 면책 확정일로부터 5년)내에 면책을 받은 일이 있는 때입니다(채무자회생법 제564조).

1.사기 파산 및 회생 죄

(1) 주체

사기 파산 및 회생 죄의 주체는 채무자입니다. 법인도 채무자에 해당하는지 여부가 명확하지는 않지만 법조문에 법인에 대한 처벌 규정이 없는 이상 법인에 대한 처벌은 해당되지 않는 것으로 해석하는 것이 타당합니다. 사기파산죄의 경우 채무자 회생 및 파산에 관한 법률 제650조 제2항에 의해 수탁자, 신탁재산관리인, 수탁자의 법정대리인, 수탁자의지배인 또는 법인인 수탁자의 이사도 본 죄의 주체가 된다. 사기회생죄의 채무자가법인인 경우 제643조 제2항에 의해 채무자의 법정대리인, 법인인 채무자의 이사, 채무자의 지배인은 채무자와 같이 이 법을 위반하면 처벌의 주체가 될 수 있습니다.

사기회생죄와 사기파산죄는 모두 채무자가 회생이나 파산 절차를 남용하거나 속여서 이익을 취하거나 채권자에게 손해를 주는 경우에 적용되는 범죄입니다. 이 두 죄는「채무자 회생 및 파산에 관한 법률」에 각각 규정되어 있습니다.

사기회생죄(제643조)

채무자가 회생절차개시 결정 후에 다음과 같은 행위를 하면 성립합니다. 채무자의 재산을 손괴하거나 은닉하거나, 회생채권자·회생담보권자 등에게 불이익하게 처분한 행위, 채무 부담을 허위로 증가시킨 행위, 상업 장부를 작성하지 않거나, 부실하게 기재하거나, 은닉 또는 손괴한 행위, 부정수표단속법 위반 처벌을 피하기 위해 회생 신청을 남용한 행위, 이러한 경우 10년 이하의 징역 또는 1억 원 이하의 벌금형에 처해집니다.
개인회생의 경우에는 5년 이하의 징역 또는 5,000천만 원 이하의 벌금
형이 적용됩니다. 또한, 사기회생죄가 인정되면 개인회생 면책 결정이 취
소될 수 있습니다(채무자회생법 제626조)

사기파산죄(제650조)

채무자가 파산선고의 전후를 불문하고 다음 행위를 한 경우 성립합니다.
파산재단에 속하는 재산을 은닉·손괴하거나 채권자에게 불이익하게 처분
한 경우, 파산재단의 부담을 허위로 증가시킨 행위, 상업 장부를 작성하
지 않거나 허위로 작성, 은닉, 손괴한 행위, 법원사무관 등이 폐쇄한 장
부를 변경, 은닉, 손괴한 행위, 이 경우도 역시 10년 이하의 징역 또는 1
억 원 이하의 벌금으로 처벌됩니다.

결국 이 두 죄 모두 재산 상황을 고의로 왜곡하거나 은닉해 법원을 기망하
고 채권자에게 불공평한 변제를 초래하는 행위를 처벌합니다. 사기회생죄
는 회생절차 중의 부정행위, 사기파산죄는 파산절차에서의 부정행위를 다
루는 차이만 있습니다.

(2) 객관적 구성요건

채무자 회생 및 파산에 관한 법률(이하, 앞으로는'채무자회생법'으로 줄여
쓰겠습니다) 제650조(사기파산죄)와 제643조(사기회생죄)의 객관적 구성요
건인 채무자가 자기 또는 타인의 이익을 도모하거나 채권자를 해할 목적으
로 각호의 행위를 함, 다시 말해"재산의 은닉·손괴·채권자에게 불이익하게
처분하는 행위"[제1호], "허위로 부담을 증가시키는 행위"[제2호] 등의 행위
를 하여야 하며, 그 행위의 시기는 파산선고 전후, 회생개시결정 전후를
불문합니다.

사기파산죄 조문에는"채무자가 파산선고 전후를 불문하고"라고 명문으로
그 행위 시기 제한을 두지 않고 있는 반면, 사기회생죄 조문에는 그러한
규정이 없으나 해석상 회생개시결정 전후를 불문한다고 해석하는 것이 타
당합니다.

채무자회생법상"허위로 부담을 증가시키는 행위"란 파산재단 및 회생재단
에 속하는 재산에 저당권이나 질권 등 담보권을 설정하는 행위, 재단채권
이나 파산채권을 허위로 증가시키는 행위, 허위 채무부담 등이 전형적인
경우이다. 예를 들어 기업의 대표가 회생신청 전에 적극적으로 타인과 채
권·채무관계가 없음에도 마치 타인으로부터 수억 원을 빌린 것처럼 차용증
과 영수증을 허위로 만들고, 법원에서 그 차용금 등의 사용처를 소명하라
고 하자 직원들에게 격려금을 준 것으로 허위의 확인서를 작성해서 제출하
는 행위가 위 요건에 부합되는 사례입니다.

(3) 주관적 구성요건

주관적 구성요건으로 고의는 채무초과, 지급불능의 우려 등 파산에 이를
우려 내지 회생절차개시원인을 이루는 구체적인 사실에 대한 인식이 있어
야 합니다. 채권자를 해할 목적은 특정채권자가 아닌 총채권자를 해할 목
적을 의미합니다.

채무자의 은닉 등 행위와 파산선고 등 사이에는 인과관계가 필요하지 않고
사기파산·회생 행위 시에 존재한 파산, 지급불능의 우려가 지속되어 파산신
고 등 결정에 이른 경우면 충분합니다.

(4) 채무자회생법 위반과 형법상 사기죄의 관계

사기파산·회생죄는 그 구성요건 상 파산재단 또는 채무자에 속하는 재산을
은닉 또는 손괴하거나 채권자에게 불이익하게 처분을 하는 행위와 파산재
단 또는 채무자의 부담을 허위로 증가시키는 행위 등을 하면 그것으로 충
족되고 나아가 채무자가 실제로 재산상 이익을 볼 것을 요건으로 하지 않
고 있습니다.

반면 사기죄는 파산, 회생재판 과정에서 채권자 및 법원을 기망하여 파산
선고 또는 면책결정을 받아 면책 받은 재산상 이익 상당을 취득하는 것을
구성요건으로 볼 수 있습니다. 그러므로 구성요건 상 별개의 범죄로 판단
하는 것이 타당합니다. 실무적으로는 사기파산·회생죄를 범하는 채무자의

경우 대부분 재산상 이익을 취득하고 있기 때문에 사기파산죄로만 기소할 경우 법원에서 무죄 가능성이 있는 사건의 경우 사기죄와 경합해서 기소하기도 합니다.

다시 말해「채무자 회생 및 파산에 관한 법률」제650조(사기파산죄)와 형법 제347조(사기죄)는 채무자 또는 파산신청인이 채권자를 기망하거나 재산을 은닉하여 부당한 이익을 얻는 행위를 처벌한다는 점에서 유사하지만, 보호법익·기망의 상대방·범죄 성립 시점 등에서 명확히 구별됩니다.

채무자 회생 및 파산에 관한 법률 제650조 사기파산죄와 형법 제347조 사기죄는 행위의 시점·기망의 대상·재산취득 여부에서 다른 범죄구성요건을 가지므로, 병존범(즉 실체적 경합) 관계가 가능합니다. 예를 들어, 채무자가 파산신청 전 채권자를 속여 돈을 빌린 행위는 형법 제347조 사기죄가 성립하고, 그 후 파산재단의 재산을 은닉하거나 허위채무를 조작한 행위는 채무자 회생 및 파산에 관한 법률 제650조 사기파산죄로 별도 처벌됩니다.

다만 동일한 행위를 두 죄로 중복 처벌할 수는 없으며(일사부재리 원칙), 기망행위가 파산신청 단계 전체를 관통해 하나의 범의를 이루는 경우에는 포괄일죄로 평가될 수 있습니다.

대법원은 "채무자가 파산신청 직전까지 여러 차례 금전을 차용하면서 변제의사 없이 기망한 경우 형법 제347조의 사기죄는 성립하나, 이후의 파산신청 자체는 사기행위와 별개로 채무자 회생 및 파산에 관한 법률 제650조 사기파산죄를 구성할 수 있다"라고 판시하였습니다(대법원 2007.11.29. 선고 2007도8549).

또한 "파산재단에 속하는 재산을 은닉하거나 불이익하게 처분한 행위는 사기파산죄일 뿐, 개별 피해자의 기망을 직접 대상으로 하지 않으면 형법 제347조 사기죄로는 의율 되지 않는다."고 보았습니다.

사기죄는 채권자 개개인을 속여 금전이나 재산을 얻는 일반 형법범죄이고, 채무자 회생 및 파산에 관한 법률 제650조 사기파산죄는 파산절차의 신뢰와 채권자 집단을 보호하기 위한 도산특별법상 범죄로 두 죄는 병존 가능하지만 행위 시점·대상·목적이 구별되어야 합니다.

(5) 사기회생죄에 대한 특칙

채무자회생법 제644조의2에서는 제231조의2 또는 제243조2의 적용을 면탈할 목적으로 거짓의 정보를 제공하거나 거짓의 자료를 제출하고, 회생계획인가의결정이 확정된 경우 해당 정보를 제공하거나 해당 자료를 제출한 자를 처벌하고 있습니다.

사기회생죄에 대한 특칙은「채무자 회생 및 파산에 관한 법률」제644조의2(사기회생죄에 대한 특칙) 에 규정되어 있습니다. 이 조항은 일반적인 사기회생죄(제643조)보다 거짓 자료 제출 등으로 회생계획 인가를 받은 경우를 특별히 엄격히 처벌하는 내용입니다.

제644조의2(사기회생죄에 대한 특칙) 주요 내용은 1. 행위 주체 및 행위태양 사기회생죄의 특칙은 채무자뿐 아니라 제3자도 포함됩니다. 다음 요건을 모두 충족할 때 성립합니다.

회생계획안이 법원에서 배제되거나 불인가되는 것을 피하려는 목적(즉, 인가를 받기 위한 목적)으로 거짓의 정보를 제공하거나 거짓의 자료를 제출하는 행위, 거짓 자료나 정보를 제출한 이후, 회생계획인가의 결정이 확정될 것이 필요합니다.

다시 말해 인가 전에는'미수 상태'로 판단되며, 인가 확정이 객관적 처벌조건입니다. '회생계획의 불인가를 면탈할 목적'즉, 회생 인가를 부정한 방법으로 얻으려는 고의적 기망 목적이 인정되어야 합니다.

특칙에 해당하면 통상적인 제643조 사기회생죄보다 별도로 가중 처벌됩니다. 형량은 일반 사기회생죄와 동일하게 10년 이하의 징역 또는 1억 원 이하의 벌금 수준입니다. 단, 특칙은 행위의 타당성·신뢰성 확인을 전제로 한 사법절차 보호를 핵심 취지로 하며, 행위가"일시적인 착오"나"회생신청 단계의 단순 기재누락"에 불과한 경우에는 원칙적으로 범죄가 성립하지 않습니다,

사기회생죄의 특칙은 회생계획 인가를 부정하게 얻는'절차적 사기'를 처벌하기 위한 특례조항으로, 회생신청 단계에서 허위 자료로 법원을 속이고 인가를 받은 경우에는 채무자 회생 및 파산에 관한 법률 제643조가 아니라 채무자 회생 및 파산에 관한 법률 제644조의2가 우선 적용됩니다.

(6) 회생수뢰죄

관리위원, 조사위원, 간이조사위원, 회생위원, 보전관리인, 관리인(국제도산관리인 포함합니다), 고문이나 관리인 또는 보전관리인·회생위원의 대리인이 그 직무에 관하여 뇌물을 수수·요구 또는 약속한 경우 처벌합니다.

회생채권자, 회생담보권자, 주주, 지분권자, 이들의 대리위원 또는 대리인, 임원 또는 직원이 관계인집회의 결의에 관하여 뇌물을 수수·요구 약속한 때에도 처벌합니다(채무자회생법 제645조).

회생수뢰죄는「채무자 회생 및 파산에 관한 법률」제645조에 규정된 범죄로, 주로 회생절차와 관련된 직무를 수행하는 사람(즉 관리위원, 조사위원, 관리인, 회생위원 등)이 직무에 관하여 뇌물을 수수하거나 요구, 약속하는 경우 성립합니다. 회생담보권자, 회생채권자, 주주 등 관계인 집회의 결의와 관련해 뇌물을 받은 자도 여기에 포함됩니다.

형사처벌은 최대 5년 이하 징역 또는 5,000천만 원 이하 벌금이 부과됩니다. 법인이 행위 주체인 경우 해당 법인의 임원 또는 직원이 직무와 관련하여 뇌물을 수수하거나 공여를 요구하는 것도 회생수뢰죄에 해당합니다.

회생수뢰죄는 회생절차의 공정성과 신뢰를 보호하기 위한 법적 장치로, 회생절차를 담당하는 사람이 직무와 관련해 부당한 금품수수를 하는 것을 엄격히 금지합니다. 이는 회생절차의 투명성을 유지하고 채권자 및 이해관계자의 권리를 보호하는 데 주요한 역할을 합니다.

회생수뢰죄는 회생절차의 직무 관련 뇌물수수 범죄, 처벌은 5년 이하 징역 또는 5,000천만원 이하 벌금, 법인 임직원도 해당 범죄 주체가 될 수 있습니다.

(7) 회생증뢰죄

채무자회생법 제645조 제1항 기재 관리위원 등에게 뇌물을 약속 또는 공여하거나 의사표시를 한 자를 처벌합니다.

회생증뢰죄는 채무자 회생 및 파산에 관한 법률 제646조에 규정된 형사범죄로, 회생절차에 관여하는 자(예를 들어 관리인, 조사위원, 관리위원, 회생위원 등)가 직무와 관련하여 뇌물을 공여하거나 약속하는 행위를 처벌하는 죄입니다. 다시 말해 회생수뢰죄(제645조)와 쌍을 이루는 죄로, 직무와 관련해 부당하게 뇌물을 제공하거나 약속하는 경우에 해당합니다.

구성 요건으로 행위자는 회생절차 관련 직무를 수행하는 자 또는 관계자이고, 직무와 관련해 뇌물을 공여하거나 약속하는 행위를 했을 때 성립합니다. 회생절차의 공정성과 신뢰를 해치는 행위로 보아, 사회적 비난 가능성과 형사처벌의 대상이 됩니다.

처벌 수위는 회생수뢰죄와 유사하게, 5년 이하의 징역 또는 5,000천만 원 이하의 벌금에 처해질 수 있습니다. 해당 법인은 임원이나 직원 등의 행위에 대해 별도로 책임을 물을 수 있습니다. 회생증뢰죄는 회생절차에서 직무 관련 뇌물을 공여하는 범죄로서, 회생절차의 투명성과 공정성을 보호하기 위한 법적 장치 중 하나이며, 회생수뢰죄와 대응되는 법적 개념으로 이해하시면 되겠습니다.

(8) 경영참여금지위반죄

법인인 채무자의 회생절차 개시 원인이 이사 또는 대표이사에 의한 채무자 재산의 도피, 은닉 또는 고의적인 부실경영 등의 사유일 때는 이사 또는 대표이사 직에 유임 할 수 없고 회생절차의 종결이 있은 후에도 이사 또는 대표이사를 할 수 없습니다.

이와 같은 규정을 위반하여 회생절차종결 또는 간이회생절차종결 후 채무자의 이사로 선임되거나 대표이사로 선정되어 취임한 자에 대해 처벌하고 있습니다(채무자회생법 제647조).

경영참여금지위반죄는 주로 특정 법률이나 계약에 따라 경영참여가 제한된 자가 그 금지 규정을 위반하고 회사의 경영에 관여하는 행위를 의미합니다. 일반적으로 법률에서는 일정한 자격을 가진 자가 법원이나 감독기관의 명령에 의해 경영참여가 금지되는 경우가 있습니다. 이를 위반하면 형사처벌 또는 민사상 제재를 받을 수 있습니다.

특히, 경영참여금지위반죄는 주로 파산·회생절차, 자본시장법, 상법 등에서 규정하며, 해당 법령이나 법원의 명령에 따라 경영참여가 금지된 자가 경영에 직접 혹은 간접으로 참여하거나 실질적인 통제권을 행사하는 경우 처벌되는 범죄입니다.

처벌은 법령에 따라 다르지만, 일반적으로 경영참여 금지명령을 위반하여 경영에 참여한 경우에는 징역형이나 벌금형 등이 부과될 수 있습니다. 회사나 관련 기관에 대해서도 행정적, 민사적 조치가 따를 수 있습니다.

특히 파산·회생 절차에서 경영참여금지명령은 채무자의 도산재단 보호와 공정한 절차 진행을 위한 중요한 장치로, 이를 위반하면 엄격한 처벌 대상이 됩니다.

경영참여금지위반죄는 법적 금지된 자가 회사 경영에 불법적으로 참여하는 행위, 주로 파산·회생법, 자본시장법에서 규정, 위반 시 징역·벌금 등 형사처벌과 민사·행정 제재가 가능합니다. 이는 회사의 투명성과 공정한 경영질서 유지를 위한 중요한 법적 규제임을 의미합니다.

(9) 무허가행위 등의 죄

관리인, 파산관재인(국제도산관리인 포함합니다) 또는 보전관리인이 법원의 허가를 받아야 하는 행위를 허가를 받지 않고 행한 경우, 관리인 또는 보전관리인이 법원에 허위의 보고를 하거나 임무종료 후 정당한 사유 없이 계산에 관한 보고를 하지 않은 경우 처벌하는 조항입니다(채무자회생법 제648조).

무허가행위 등의 죄는「채무자 회생 및 파산에 관한 법률」제648조에 규정된 범죄로, 주로 관리인·파산관재인 또는 보전관리인이 법원의 허가를 받아야 하는 행위를 무허가로 행하거나, 법원에 허위 보고를 하는 경우에 해당합니다. 무허가 행위 시 3년 이하 징역 또는 3,000천만 원 이하 벌금, 허위 보고 시 1년 이하 징역 또는 1,000천만 원 이하 벌금에 처해집니다.

무허가행위 등의 죄는 관리인 등 도산절차를 담당하는 자가 법원의 허가 없이 중요한 처분이나 관리 행위를 함으로써 도산 절차의 공정성과 신뢰를 해치는 행위를 방지하기 위한 규정입니다. 무허가 행위에도 불구하고 법률상 효력이 인정될 수 있으나, 행정상 강제집행이나 행정벌, 형사처벌 위험이 있습니다.

또한, 무허가행위 등의 죄는 파산 및 회생 절차의 절차적 투명성과 공정성을 확보하여 채권자 및 이해관계자의 보호를 목적으로 하며, 무허가 행위가 있을 경우 절차 진행에 심각한 장애가 되므로 엄격히 처벌됩니다.

무허가행위 등의 죄는 도산절차에서 법원의 허가 없이 중요한 행위를 하거나 허위 보고를 하는 경우에 해당, 관리인 등 도산절차 담당자를 주된 대상으로 합니다. 3년 이하 징역 또는 3,000천만 원 이하 벌금 등의 형사처벌이 가능합니다. 이는 절차의 공정성과 신뢰 유지 위한 핵심 규정입니다.

(10) 보고와 검사거절의 죄

법원이 회생계획안 배제 또는 불인가 결정의 사유가 존재하는지를 확인 할 수 있도록 채무자, 관리인, 그 밖의 이해관계인 등에게 정보제공이나 자료제출을 명할 수 있도록 있도록 하고 있습니다. 정당한 사유 없이 자료제공을 거부·기피 또는 방해하거나 거짓의 정보를 제공하거나 거짓의 자료를 제출하는 자에 대해 처벌하고 있습니다.

위 처벌 조항은 기업 경영파탄에 책임 있는 사주가 회생절차를 이용하여 거액의 채무를 탕감 받은 후 자신과 이행관계를 같이하는 사람을 이용하여 해당 회사를 다시 인수하는 문제점을 막기 위해 2015년 1월 16일부터 처벌조항이 시행되었습니다(채무자회생법 제649조).

보고와 검사거절의 죄는「채무자 회생 및 파산에 관한 법률」제649조에 규정된 범죄로, 정당한 사유 없이 법령에 따른 자료 제출, 보고, 검사 요청 등을 거부하거나 방해하는 행위에 대해 처벌하는 규정입니다.

보고와 검사거절의 죄는 주로 파산관재인, 채무자, 법원 또는 검찰의 자료 제출 요구에 대해 정당한 사유 없이 거부하거나 허위자료를 제공하는 경우에 1년 이하의 징역 또는 1,000천만 원 이하 벌금에 처해지게 됩니다.

다시 말해 파산관재인이나 채무자가 법률상 자료 제출이 요구될 때 이를 고의로 방해하거나 자료를 허위로 제출하는 경우가 해당됩니다. 보고와 검사거절의 죄는 자료제출과 조사·검사가 원활히 이루어지도록 하여, 공정한 법률절차와 신뢰를 보장하는 목적이 있습니다.

보고와 검사거절의 죄는 법률적 의무를 위반하는 부정행위로서, 법원을 비롯한 관련 기관이 자료를 확보하고 재판·절차를 공정하게 진행하도록 돕는 데 핵심적인 역할을 합니다. 처벌 수위는 상대적으로 낮지만, 법적 의무 불이행이 지속되면 엄중히 처벌받을 수 있으며, 법적 책임을 피하기 위해서는 정당한 사유가 없는 한 적극 협조하는 것이 중요합니다.

(11) 과태파산죄

채무자가 파산의 선고를 지연시킬 목적으로 신용거래로 상품을 구입하여 현저히 불이익한 조건으로 이를 처분하고, 파산의 원인인 사실이 있음을 알면서도 특정 채권자에게 이익을 줄 목적으로 담보를 제공하거나 특정 채무자에게 채무를 소멸해주는 행위, 상업 장부를 작성하지 않거나 상업 장부에 재산의 현황을 알 수 있는 정도로 기재하지 않거나 부정의 기재, 상업 장부를 은닉 또는 손괴의 행위를 하고 파산선고가 확정된 경우 이를 처벌하는 조항입니다. 채무자의 법정대리인, 법인인 채무자의 이사, 채무자의 지배인도 위와 같은 행위를 한 경우 처벌됩니다(채무자회생법 제651조).

(12) 구인불응죄

파산선고를 받은 채무자(채무자회생법 제319조), 파산선고를 받은 채무자의 법정대리인, 채무자의 이사, 채무자의 지배인, 상속재산에 대한 파산의 경우 상속인과 그 법정대리인 및 지배인(채무자회생법 제320조), 유한책임신탁재산에 대한 파산선고를 한 경우 수탁자 또는 신탁재산관리인, 수탁자의 법정대리인, 수탁자의 지배인, 법인인 수탁자의 이사(채무자회생법 제578조의6)에 대해 법원에서 구인명령을 할 수 있고, 구인의 명령을 받은 자가 그 사실을 알면서도 파산절차를 지연시키거나 구인의 집행을 회피할 목적으로 도주한 때에는 이를 처벌합니다(채무자회생법 제653조).

구인불응죄는「채무자 회생 및 파산에 관한 법률」제653조에 규정된 범죄로, 법원의 구인을 받은 자가 그 사실을 알면서도 파산절차를 지연시키거나 구인의 집행을 회피할 목적으로 도주하는 경우에 성립합니다. 처벌로는 1년 이하의 징역 또는 1.000천만 원 이하의 벌금이 부과됩니다.

최근에는 법무부가 구인 불응죄의 형사처벌을 행정 제재인 과태료 부과로 완화하는 방안을 추진 중에 있어, 앞으로는 과태료 500만 원 이하로 제재가 변경될 가능성도 있습니다. 이는 형사처벌이 과도하다는 지적에 따른 조치로, 국민 부담을 줄이기 위한 정책적 변화입니다.

구인불응죄는 법원의 구인 명령에 불응하고 도주하는 행위로 1년 이하 징역 또는 1,000천만 원 이하 벌금의 형사처벌 대상이었으나, 현재 과태료 처분으로 전환되는 쪽으로 법 개정이 활발히 논의 중인 상황입니다. 이는 파산절차의 원활한 진행을 도모하면서도 국민 부담을 완화하려는 취지입니다.

(13) 파산 수·증뢰죄

파산관재인(국제도산관리인 포함합니다) 또는 감사위원이 그 직무에 관하여 뇌물을 수수·요구 또는 약속한 경우 이를 처벌하고 파산채권자, 파산채권자의 대리인, 파산채권자의 이사가 채권자집회의 결의에 관하여 뇌물을 수수·요구 또는 약속한 때에도 이를 처벌합니다. 위 사람들에게 뇌물을 약속 또

는 공여하거나 공여의 의사를 표시한자도 처벌합니다(채무자회생법 제655
조 내지 제656조).

(14) 재산조회결과의 목적 외 사용죄

법원은 필요한 경우 관리인·파산관재인 그 밖의 이해관계인의 신청 또는
직권으로 채무자의 재산 및 신용에 관해 조회할 수 있고 재산조회의 결과
를 회생절차, 파산절차 또는 개인회생절차를 위한 목적으로만 사용할 수
있고 그 외 목적으로 사용한 경우 이를 처벌합니다(채무자회생법 제657조).

재산조회결과의 목적 외 사용죄는 「가사소송법」제73조에 규정된 범죄로,
법원이 심판 목적을 위해 명령한 재산조회 결과나 재산목록을 그 본래의
법적 목적 이외에 사용하는 경우에 적용됩니다. 이 경우 2년 이하의 징역
또는 2,000천만 원 이하의 벌금에 처해질 수 있습니다.

재산조회결과의 목적 외 사용죄는 채무자의 재산상황을 조사하기 위해 법
원이 명령한 재산조회 결과가 채무자 보호와 공정한 절차 진행 등 법적 목
적으로만 이용되게 하여, 사적 이익이나 불법 목적에 사용하는 것을 방지
하기 위한 것입니다. 다시 말해 재산조회결과를 무단으로 제3자에게 제공
하거나 부당한 목적으로 이용하는 행위가 이에 해당합니다.

또한「채무자 회생 및 파산에 관한 법률」에서도 설명의무 위반죄(제658조)
나 기타 관련 법률에 따라 재산조회 결과의 부적절한 사용에 대해 제재가
이루어질 수 있어, 통합적으로 재산조회 결과 보호가 이루어집니다.

재산조회결과 목적 외 사용죄는 법원이 명령한 재산조회 자료를 본래 목적
외 용도로 이용하는 범죄로 2년 이하 징역 또는 2,000천만 원 이하 벌금
형, 재산 정보의 부적절한 유출·남용을 방지하여 채무자의 정보 보호와 절
차의 공정성을 확보하는 취지입니다.

(15) 설명의무위반죄

채무자 및 그 대리인, 채무자의 이사, 채무자의 지배인은 파산관재인·감사
위원 또는 채권자집회의 요청에 의하여 파산에 관하여 필요한 설명을 해야

합니다. 또한 유한책임신탁재산에 대한 파산선고를 받은 경우 수탁자 또는 수탁자 신탁재산관리인, 수탁자의 법정대리인, 수탁자의 지배인, 법인인 수탁자의 이사는 설명의 의무가 있고 정당한 사유 없이 설명을 하지 않거나 허위의 설명을 한 때에는 이를 처벌합니다(채무자회생법 제658조).

설명의무위반죄는「채무자 회생 및 파산에 관한 법률」제658조에 규정된 범죄로, 파산관재인·감사위원 또는 채권자집회(이하'파산관재인 등'이라고 합니다)가 요청하는'파산에 관하여 필요한 설명'을 채무자가 정당한 사유 없이 하지 않거나 허위로 설명한 경우 성립합니다. 설명의무위반죄가 인정되면 1년 이하 징역 또는 1,000천만 원 이하 벌금에 처해지며, 면책불허가 사유가 될 수 있습니다.

파산에 관하여 필요한 설명은 파산절차 진행에 필수적인 내용에 한정되며, 단순한 자료 제출 요구나 사소한 부분의 설명 누락은 해당하지 않습니다. 또한 채무자의 지적 능력, 연령, 건강 상태, 사안의 복잡성 등으로 인해 충분한 설명이 어려운 경우'정당한 사유'로 인정되어 책임이 면제될 수 있습니다.

대법원 판례(2024. 3. 14.)에 따르면 설명의무위반죄는 파산절차의 공정성과 신뢰를 보호하기 위해 엄격히 적용되며, 채무자가 고의적으로 필수 정보를 은폐하거나 허위 진술할 경우 엄중히 처벌됩니다.

설명의무위반죄는 파산관재인 등의 요구에 필수적 설명을 정당한 사유 없이 거부하거나 허위로 하는 범죄, 1년 이하 징역 또는 1,000천만 원 이하 벌금 처벌, 면책불허가 요건, 절차의 공정성 보장과 채권자 보호를 위한 중요한 형사책임 규정입니다.

2. 형법법규 위반과 결합된 도산범죄

(1) 도산기업 대표 및 임직원들의 횡령행위

(가) 비자금의 조성

도산기업 대표 또는 임직원들이 회사의 재정 및 경영 상태에 대해 누구

보다 더 잘 알고 있으므로 향후 도산절차 진행이 될 것을 예상하고 회사 재산을 임의로 빼돌려서 비자금을 조성하여 이를 개인적인 용도로 사용하는 행위인 횡령죄가 대표적인 범죄일 수 있습니다.

형법 제355조 횡령죄는 타인의 재물을 보관하는 자가 그 재물을 횡령하거나 반환을 거부한 때 성립합니다. 그런데 비자금 조성행위 자체만으로는 원칙적으로 횡령죄가 성립하지 않습니다. 비자금조성 행위 자체만으로는 불법영득의사를 인정하기 어렵고 이와 같이 조성된 비자금을 회사를 위해서가 아닌 개인적인 용도로 사용했을 때에 비로소 횡령죄로 처벌할 수 있습니다.

비자금 조성은 일반적으로 기업 내부에서 공식적인 회계처리 없이 별도의 자금을 조성하는 행위를 말합니다. 법적으로 다시 말해 비자금 조성은 업무상횡령죄, 배임죄, 또는 특정경제범죄 가중처벌법 제3조 제1항 위반으로 문제됩니다. 비자금을 조성하는 행위 자체가 범죄로 인정되려면, 불법영득 의사, 즉 자신이나 제3자의 부당한 이익을 취하려는 고의가 있어야 합니다.

대법원 판례에 따르면, 비자금 조성이 회사의 공식적 자금과 무관하게 개인적인 착복 혹은 뇌물 공여 등 불법 목적으로 이루어진 경우 업무상 횡령죄가 성립합니다. 반면, 회사의 이익을 위해 조성된 것이라면 횡령죄가 성립하지 않는다는 점을 명확히 밝히고 있습니다.

처벌 수위는 비자금 규모와 범죄의 중대성에 따라 달라지는데, 횡령액이 크면 특정경제범죄 가중처벌법에 따라 3년 이상의 유기징역부터 무기징역까지 가중 처벌될 수 있으며, 벌금도 부과될 수 있습니다.

따라서 비자금 조성은 단순 회계처리 문제를 넘어 불법행위에 해당할 수 있으며, 관련 혐의를 받으면 법적 대응이 필수적입니다.

(나) 비자금과 불법영득의사

회사나 단체의 임직원이 비자금을 조성하여 이를 개인적인 목적에 사용한 경우라면 불법영득 의사를 입증하는데 어려움이 없습니다. 그러나 비자금을 조성하여 사용한 임직원이 비자금을 회사나 단체의 목적 또는 이익을 위하여 사용하였다고 주장하면서 불법영득의사를 부인하는 경우에는 불법영득의사를 입증하기가 어려울 수 있습니다.

더구나 비자금의 사용처가 명확히 밝혀지지 않는 경우라면 불법영득의사를 입증하기가 더더욱 어렵습니다. 비자금이 회사의 장부상 일반 자금 속에 은닉되어 있었다 하더라도 이는 당해 비자금의 소유자인 회사 이외의 제3자가 이를 발견하기 곤란하게 하기 위한 장부상의 분식에 불과하다면 불법영득의 의사를 인정하기 어렵습니다.

비자금 조성행위에 대한 불법영득의사의 유무를 판단하기 위해서는 비자금 조성의 동기 및 절차, 비자금 보관에 관한 사정, 보관중인 비자금의 용도, 비자금의 조성 기간 및 반환에 관한 사정 등을 종합하여 판단하여야 합니다. 비자금의 특성상 그 조성과 사용이 은밀하게 이루어져 그에 연루된 내부자 이외에는 사실상 그 내용을 파악하기 어려운 점, 통상적으로 주식회사 대표이사는 경영전반을 장악하고 있기 때문에 대표이사와 재무담당자가 비자금조성을 지시하거나 또는 협력하지 아니하는 한 비자금조성 자체가 거의 불가능하다고 보아야 하는 점 등을 고려하면, 회사 대표가 비자금을 조성한 다음 그 조성된 자금을 인출하여 사용하였는데, 대표이사가 회사를 위한 것이었다고 주장하는 사용처 자체가 법적인 관점에서 회사를 위한 사용이라고 평가될 수 없는 것이거나, 대표이사의 설명을 쉽사리 믿기 어려운 경우, 이러한 금원은 불법영득의 의사로 회사의 금원을 인출하여 개인적인 용도로 사용한 것으로 추단할 수 있습니다.

(다) 비자금의 횡령행위 성립시기

회사 대표이사가 법인을 위한 목적이 아니라 법인과는 아무런 관련이 없거나 개인적인 용도로 착복할 목적으로 법인의 자금을 빼내어 별도로 비자금을 조성하였다면 그 조성행위 자체로써 불법영득의사가 외부적으로 표현된 것으로 형법 제355조 횡령행위가 됩니다.

불법영득의사를 부인할 경우에는 법인의 성격과 비자금 조성의 동기·방법·규모, 조성 기간, 비자금의 보관방법 및 실제 사용용도 등 제반 사정을 종합적으로 고려하여 판단하여야 합니다. 이때 비자금 조성의 동기가 개인적 동기인지, 조성방법에 있어서 결재자 등 상급자에게도 비밀로 한 것인지 공개적으로 조성한 것인지, 비자금조성의 규모나 기간이 조성의 동기에 비하여 지나치게 과다하거나 장기간인지, 비자금의 보관방법이 법인 관계자가 아닌 제3자 명의로 보관하는 등 자금추적이 어려운 상황인지, 실제 사용용도가 사적인 용도인지 여부 등을 검토해야 합니다.

그러나 비자금의 조성 단계에서는 아직 이를 불법영득의사의 외부적 표현행위로 인정할 수 없다면, 나중에 비자금을 개인적 용도로 사용하는 등 법인과는 관련 없이 사용하는 구체적 사용 행위 시에 비로소 형법 제355조 횡령행위를 인정할 수 있을 것입니다

(라) 판례검토

법인의 회계장부에 올라 있는 자금이 아니라 법인의 운영자인 관리자가 회계로부터 분리시켜 별도로 관리하는 법인의 비자금에 있어서 그 조성행위가 법인을 위한 목적이 아니고 행위자가 법인의 자금을 빼내어 착복할 목적으로 행하였음이 명백히 밝혀진 경우라면 조성행위 자체로써 불법영득의 의사가 실현된 것으로 횡령죄의 성립을 인정하는 판결이 있습니다.

이 사건은 회사 대표가 ○년간 ○○○억원 상당의 비자금을 조성하여 골동품, 도자기 구입 등 개인적인 용도로 ○○억원을 사용한 사안으로, 대법원은 조성한 비자금 중 일부를 회사업무에 사용하였다고 하더라도 조성행위 당시에 횡령죄가 성립한다고 판단하였습니다. 반면, 화의절차가 진행 중인 대표이사 등이 금융실거래 및 비밀보장에 관한 법률 제3조를 위반하여 차명계좌를 이용하여 비자금을 조성한 행위가 범죄수익 은닉의 규제 및 처벌 등에 관한 법률 제3조 위반(범죄수익 등의 은닉 및 가장)죄에 해당하는지 여부가 문제된 사안에서 변칙회계처리를 통하여 법인의 자금을 빼내어 개인적으로 착복할 목적으로 행하여졌음이 명백히 밝혀진 경우라면 그 조성행위 자체로써 불법영득의사를 실현한 것으로 인정할 수 있을 것이지만, 이 사건에서는 비자금 조성의 주재자가 그 법인의 대표이사이고 그가 비자금의 집행을 최종적으로 관리 및 결재하였으므로

그 자금은 여전히 법인의 관리 아래 있는 것으로 볼 여지가 충분하다고 보이는 점, 동일한 수법으로 조성된 비자금 중 상당부분은 그 사용처를 알 수 없거나 피고인들이 개인적으로 사용하였다는 증거가 부족하여 결국 그 부분은 공소 제기된 횡령액에 포함되지 아니한 점 등 제반 사정에 비추어 보면, 피고인들이 법인의 자금을 인출하여 차명계좌에 보관한 행위가 그 인출금을 법인의 자금으로 별도 관리하기 위한 것이 아니라 불법영득의사의 실행으로 한 것이라고 인정할 수 있을 만큼 합리적인 의심을 할 여지가 없을 정도로 입증되었다고 보기는 부족하고, 그 일부를 개인적으로 사용함으로써 비로소 불법영득의사가 명백히 표현 되었다고 봄이 상당합니다.

그렇다면 피고인들이 변칙회계처리를 거쳐 인출한 법인의 자금이나 이를 차명계좌에 입금하여 관리중인 자금은 아직 횡령의 범죄행위가 성립되기 이전 단계의 것으로서 범죄수익은닉의 규제 및 처벌 등에 관한 법률에 정한 '범죄수익'에 해당한다고 볼 수 없으므로, 그 비자금 조성과정에서 피고인들이 현금을 수표로 교체발행하거나 차명계좌 사이에서 계좌이체를 한 행위를 무죄로 판시하였습니다.

비자금 관련 횡령에 관한 불법영득의사의 입증방법에 관한 판례는 다음과 같습니다. 피고인 회사의 비자금을 사용한 사실을 인정하면서도 그 비자금을 회사를 위하여 인출·사용 하였다고 주장하면서 불법영득의사의 존재를 부인하는 경우에는, 피고인이 주장하는 비자금의 사용이 회사의 운영과정에서 통상적으로 발생하는 비용에 대한 지출이나 부담으로서 회사가 그 비용을 부담하는 것이 상당하다고 볼 수 있는지, 비자금 사용의 구체적인 시기·대상·범위·금액 등에 대한 결정이 객관적·합리적으로 적정하게 이루어졌는지 여부 등을 비롯하여 그 비자금을 사용하게 된 시기, 경위, 결과 등을 종합적으로 고려하여 그 비자금 사용의 주된 목적이 피고인의 개인적인 용도에 사용하기 위한 것이라고 볼 수 있는지 아니면 불법영득의사의 존재를 인정할 수 있는지 여부를 판단하여야 합니다. 다만, 일반적인 비자금의 조성과정이나 비자금의 성격 등에 비추어 볼 때,

비자금의 사용에 관하여 회사의 내부규정이 존재하지 않다거나 이사회 결의 등 내부적 절차를 거치지 않았다고 하더라도, 그러한 사정만으로 바로 피고인의 불법영득의사를 인정할 것은 아닙니다.

만일 피고인이 보관·관리하고 있던 회사의 비자금이 인출·사용되었음에도 피고인이 그 행방이나 사용처를 제대로 설명하지 못하거나, 피고인이 주장하는 사용처에 사용된 자금이 그 비자금과는 다른 자금으로 충당된 것으로 드러나는 등 피고인이 주장하는 사용처에 비자금이 사용되었다는 점을 인정할 수 있는 자료가 부족하고, 오히려 피고인이 비자금을 개인적인 용도에 사용하였다는 점에 대한 신빙성 있는 자료가 많은 경우에는 피고인이 그 돈을 불법영득의 의사로써 횡령한 것으로 추단할 수 있을 것입니다. 그러나 이와 달리 피고인의 불법영득의사의 존재를 인정하기 어려운 사유를 들어 비자금의 행방이나 사용처에 대한 설명을 하고 있고 이에 부합하는 자료도 있다면, 피고인이 그 보관·관리하고 있던 비자금을 불법영득의사로 인출하여 횡령하였다고 인정할 수는 없습니다. 불법영득의사의 외부적 표현행위로서의 횡령행위가 있었다는 점은 검사가 법관으로 하여금 합리적인 의심을 할 여지가 없을 정도의 확신을 생기게 하는 증명력을 가진 엄격한 증거에 의하여 증명하여야만 합니다.

(2) 도산기업 이사의 배임행위

(가) 차입매수(LBO)와 배임죄

도산절차 과정에서 기업의 대표이사 또는 이사는 인수·합병을 통해 회사 경영을 정상화 시키려는 시도가 있을 수 있습니다. 이때 차입매수 방식으로 기업인수를 하는 경우 인수인은 대상회사의 가치와 자신의 신용을 활용하여 조달한 자금으로 대상회사의 경영권을 취득함으로써 경영성과로 차입금을 상환하기 위하여 대상회사에 대한 구조조정 등 효율성 증대와 재무구조 및 경영의 개선을 위하여 노력하게 되는 순기능을 갖게 됩니다. 반면, 대상회사의 부채비율이 지나치게 과다할 경우에는 대상회사를 파산에 이르게 할 수도 있고, 인수인의 투기행위 등 개인적 이득을 위하여 차입매수를 남용하는 역기능도 예상할 수 있습니다. 배임죄는 손해발생의 위험이 있으면 이미 손해가 있다고 하게 되므로 회사에 현실적으로 재산상의 손해가 발생한 경우뿐만 아니라 회사 재산 가치의 감소라고 볼 수 있는 재산상 손해의 위험이 발생한 경우도 배임죄가 성립하게 됩니다. 차입매수는 실질적으로 인수인의 자금으로 회사를 합병하는 것이 아니라 대상회사의 자산이나 가치를 담보로 인수 자금을 조달하는 것이므로 이에 응하는 대상회사에 손해를 가하는 배임행위를 가하는 것이 아닌지가 쟁점이 됩니다.

(나) 차입매수(LBO)의 유형

차입매수의 구체적인 유형은 매우 다양할 수 있지만, 크게 담보제공형, 합병형 및 환급형으로 구분할 수 있습니다. 담보제공형은 인수인 또는 인수인이 설립한 특수목적회사(이하'SPC'라 합니다)가 인수자금을 차입하여 대상회사의 주식취득을 통하여 경영권을 취득하고 대상회사의 자산을 그 차입금의 담보로 제공하거나 대상회사로 하여금 보증하게 하는 유형입니다.

합병형은 인수인이 대상회사 주주들과의 기업인수 합의를 거쳐 SPC를 설립한 후 SPC로 하여금 인수자금을 차입하여 대상회사의 주식이나 채권을 취득하게 하고 그 주식이나 채권을 차입금의 담보로 제공하며, 그 후 대상회사를 합병함으로써 실질적으로 대상회사도 차입금 채무를 부담하게 하는 유형이다. 환급형은 인수인 또는 인수인이 설립한 SPC가 인수자금을 차입하여 대상회사의 주식취득을 통하여 경영권을 취득하고 대상회사로 하여금 유상감자나 이익배당을 실시하게 하여 차입금을 상환하는 유형입니다.

(다) 회생기업 LBO 담보제공행위와 배임죄의 고의

업무상배임죄의 고의는 업무상 타인의 사무를 처리하는 자가 본인에게 재산상의 손해를 가한다는 의사가 있어야 하고, 자기 또는 제3자에게 재산상의 이득을 주려는 의사가 있어야 할 뿐만 아니라, 그 행위가 임무에 위배된다는 인식이 있어야 합니다. 배임죄의 고의는 결국 간접사실을 통해서 증명 할 수밖에 없을 것이므로 고의의 증명에 관련해서는 실제 사안에서 일률적인 유형으로 나눌 수 없고 개별·구체적으로 판단할 수밖에 없습니다.

간접사실에 의해 배임죄 성립을 인정한 사례에서 대법원은 피고인이 본인의 이익을 위하여 문제가 된 행위를 하였다고 주장하면서 배임죄의 고의를 부인하는 경우에는 사물의 성질상 배임죄의 주관적 요소로 되는 사실은 고의와 상당한 관련성이 있는 간접사실을 증명하는 방법에 의하여 입증할 수밖에 없고, 피고인이 본인의 이익을 위한다는 의사는 부수적일 뿐이고 이득 또는 가해의 의사가 주된 것임이 판명되면 배임죄의 고의가 있었다고 보고 있습니다.

회생회사의 기업인수 및 합병에서의 LBO라는 점이 배임죄의 고의에 고려될 수 있는가 하는 점입니다. 회생기업은 법원의 주도하에 인수계획안이 검토됩니다. 그렇다면 법원이 만일 LBO방식의 인수를 승인하였다면 그 자체로 고의가 없어지는 것은 아니지만 긍정적인 요소는 된다고 봅니다. 역으로 회생계획변경을 위해서 제시된 인수계획에 LBO가 구체적으로 적시되지 않았다고 해서 배임의 고의가 있다고 단정할 수는 없지만 의도적으로 기망하려고 하였다면 부정적인 요소가 될 수도 있습니다.

(라) 차입매수(LBO) 관련 판례

이에 대한 법원의 판결을 살펴보면, 배임죄에서 '손해를 가한 때'라 함은 현실적인 재산상의 손해를 가한 경우뿐만 아니라 재산상 손해발생의 위험을 초래한 경우도 포함되고, 일단 손해의 위험을 발생시킨 이상 나중에 피해가 회복되었다고 하여도 배임죄의 성립에 영향을 주는 것은 아닙니다. 또한 주식회사 상호간 및 주식회사와 주주는 별개의 법인격을 가진 존재로서 동일인이라 할 수 없으므로, 1인 주주나 대주주라 하여도 그 본인인 주식회사에 손해를 주는 임무위배행위가 있는 경우는 배임죄가 성립하고, 회사의 임원이 사실상 주주의 양해를 얻고 그러한 행위를 하였다 하더라도 마찬가지입니다.

기업 인수에 필요한 자금을 마련하기 위하여 그 인수인이 금융기관으로

부터 대출을 받고 나중에 대상회사의 자산을 담보로 제공하는 이른바 LBO방식을 사용하는 경우에, 대상회사로서는 주 채무가 변제되지 아니할 경우에는 담보로 제공되는 자산을 잃게 되는 위험을 부담하게 됩니다. 그러므로 인수인이 대상회사의 위와 같은 담보제공으로 인한 위험부담에 상응하는 대가를 지급하는 등의 반대급부를 제공하는 경우에 한하여 허용될 수 있습니다.

그렇지 아니한 경우에는 인수인 또는 제3자에게 담보가치에 상응하는 재산상 이익을 취득하게 하고 대상회사에게 그 재산상 손해를 가하였다고 봄이 상당합니다. 부도로 인하여 회사정리절차를 진행 중인 주식회사의 경우도 그 회사의 주주나 채권자들의 잠재적 이익은 여전히 보호되어야 하므로, 대상회사가 회사정리절차를 밟고 있는 기업이라고 하더라도 위와 같은 결론에는 아무런 영향이 없습니다.

업무상배임죄의 고의가 인정되려면, 업무상 타인의 사무를 처리하는 자가 본인에게 재산상 손해를 가한다는 의사와 자기 또는 제3자에게 재산상 이득을 주려는 의사가 있어야 할 뿐만 아니라, 그의 행위가 임무에 위배된다는 인식이 있어야 할 것인 바, 피고인이 피해자 본인의 이익을 위한다는 의사를 가지고 있었다 하더라도 이는 부수적일 뿐이고 이득 또는 가해의 의사가 주된 것임이 판명되면 배임죄의 고의가 인정됩니다. 다시 말해 피고인은 서류상 회사인 SPC가 A사의 주식 및 B사에 대한 정리채권 등을 인수하기 위한 금융기관 대출금의 담보로 A사의 자산을 제공하였으면서도 그 담보제공부담에 상응하는 반대급부를 제공하거나 최소한 그 대출금이 상환될 때까지 SPC가인수한 주식, 채권 등이 임의로 처분되지 못하도록 A사 또는 금융기관에 담보로 제공하는 등의 조치를 취하지 아니 하였습니다.

피고인이 위 대출금을 모두 A사의 채권자들에 대한 채무변제에 사용하였고, 위 담보제공 후 A사의 경영 정상화를 위하여 노력하였다 하더라도, 위 대출은 기본적으로 SPC의 A사 경영권 인수자금을 마련하기 위하여 이루어진 것이므로 그 대출로 인한 직접적 이득은 A사에 귀속된다 할 수 없고 SPC의 이익을 위한 행위라고보아야 한다. 그리고 피고인이 그 대출을 위하여 정당한 반대급부 등을 제공하지 아니하고 A사의 자산을 담보로 제공한 것 역시 실질적으로 피고인 또는 SPC의 이익을 위하여 A사에게 손해를 가한다는 배임의 고의가 있었음이 인정됩니다.

이와 같이 법원은 담보제공형 차입매수에 대해 배임죄의 고의를 인정하는 취지로 판결을 유지하다가, 최근 대법원 판결을 통해 반대급부가 제공되지 않으면 그 자체로 배임의 범의를 인정하던 입장을 완화해서 인수회사의 인수대금 중 자기자본비중이 높고 거래 전체로 보아 피인수회사의 경영을 개선하려는 동기, 목적이 인정되는 경우 배임의 고의가 부정될 수 있다고 하여 최초로 제한적으로 담보제공형 LBO를 허용하였습니다. 대법원 판례상 경영판단의 원칙은 이사의 선관주의의무를 구체화한 것으로서 그 의무의 내용이나 그 의무의 위반여부에 대한 심사기준으로서 기능합니다. 동 원칙의 인정근거는 회사의 업무집행과 관련하여 이사에게 광범위한 재량을 허용하되 이사가 회사경영에 있어서 위험을 수반한 혁신적인 행동을 할 것을 조장하는 데에 있습니다. 만일 담보 제공행위 등이 경영판단의 일부로서 합리성이 담보된다면 그 경우에는 배임죄의 고의를 부정할 수 있을 것입니다. 또한, 이와 관련해서 LBO는 외형상 인수인에는 유리하나 대상회사에는 불리한 거래처럼 보이지만 LBO 전 과정을 살펴보면 적정한 절차와 내용으로 이루어진 LBO는 모두에게 이익이 될 수 있는 거래입니다. 오늘날 기업경영에서 경영자의 창의성과 경영역량은 인적 자원으로 중요한 역할을 수행하는 것은 의문의 여지가 없다. LBO는 뛰어난 역량과 안목을 가진 것을 전제로 하는 모험적이고 고위험군에 해당하는 투자기법입니다. LBO에서 급부와 반대급부의 동등성 또는 반대급부의 내용을 금액으로 한정하는 것은 어쩌면 시대에 뒤떨어진 기준일 수도 있습니다. 이와 같이 최근 LBO 판결을 보면 거래 구조보다는 제반 사정을 고려하여 배임의 고의를 판단하는 것으로 해석할 수 있습니다.

(3) 개인회생절차 신청 직전 금융 채무의 사기행위

개인회생신청자의 급격한 증가와 개인회생개시신청에 대한 높은 인용율의 이면에는 개인회생신청 직전 채무에 대한 사기 고소가 상대적으로 늘어나고 있는 추세입니다. 특히 개인회생신청 직전 금융권에 대출 신청을 하고 대출을 받은 경우 사기성 여부가 쟁점이 되는 경우가 많이 발생하고 있습니다.

개인회생신청자가 개인회생절차 개시 신청에 임박했을 무렵에는 이미 기존 금융권 대출은 초과 상태여서 제1금융권에서는 대출이 되지 않는 경우가 대부분이고 중금리 대출을 취급하는 제2금융권에서 조차 대출을 쉽게 받을 수 있는 형편은 되지 않아 제3금융권인 대부업체에서 대출을 받고 있는 실정입니다.

대부업체의 경우 대출신청자들의 신용상태가 좋지 않은 사실을 이미 알고 있고 따라서 신용상태에 비례해서 고금리의 대출을 승인해 주었음에도 이후 대출을 받은 채무자의 개인회생신청 행위에 대해 기계적으로 사기죄로 고소하고 있습니다.

이와 같은 대부업체의 사기 고소 사건은 실무적으로 대부분 불기소 처분하고 있지만 채무자가 금융회사에 대출을 신청하는 과정에서 자신의 금융권 채무 외 사채 등에 대해 제대로 고지하지 않거나, 같은 날 여러 은행을 상대로 대출 신청을 해서 금융권 채무 전산조회에 확인되지 않는 방법으로 다수은행으로부터 대출을 받고 난 뒤 개인회생신청하는 경우 채무자가 대부업체를 속이고 대출을 받았다고 판단해서 사기죄로 기소를 하고 있습니다. 이와 같은 사건에 대한 법원의 판단은 아직까지 확정적으로 정립되고 있지 않고 있습니다.

(가) 하급심의 무죄 판시요지

최근까지 법원의 판단을 살펴보면 하급심에서 유·무죄의 판결이 엇갈리고 있습니다. 하급심의 무죄 이유는 다음과 같습니다. 채무자회생법상 개인파산·면책제도의 주된 목적 중의 하나는 파산선고 당시 자신의 재산을 모두 파산배당을 위하여 제공한, 정직하였으나 불운한 채무자가 채무로 인한 압박을 받거나 의지가 꺾이지 않고 앞으로 경제적 회생을 위한 노력을 할 수 있는 여건을 제공하는 것입니다. 그러나 한편, 채무자회생법은 채권자 등 이해관계인의 법률관계를 조정하고 파산제도의 남용을 방지하기 위하여, 같은 법 제309조에서 법원은 파산신청이 성실하지 아니하거나 파산절차의 남용에 해당한다고 인정되는 때에는 파산신청을 기각할 수 있도록 하고, 같은 법 제564조 제1항의 각 호에 해당하는 경우에는 법원이 면책을 불허가할 수 있도록 하고‘채무자가 고의로 가한 불법행위로 인한 손해배상청구권’등 같은 법 제566조의 각 호의 청구권은 면책대상에서 제외하며, 같은 법 제569조에 따라 채무자가 파산재단에 속하는 재산을 은닉 또는 손괴하는 등 사기파산죄로 유죄의 확정판결을 받거나 채무자가 부정한 방법으로 면책을 받는 경우 법원의 결정에 의하여 면책이 취소될 수 있도록 하고 있습니다.

따라서 개인파산·면책제도를 통하여 면책을 받은 채무자에 대한 차용금 사기죄의 인정 여부는 그 사기로 인한 손해배상채무가 면책대상에서 제외되어 경제적 회생을 도모하려는 채무자의 의지를 꺾는 결과가 될 수 있다는 점을 감안하여 보다 신중한 판단을 요합니다,

사기죄의 주관적 구성요건인 편취의 범의는 피고인이 자백하지 않는 이상 범행 전·후의 피고인의 재력, 환경, 범행의 경위와 내용, 거래의 이행과정 등과 같은 객관적인 사정 등을 종합하여 판단할 수밖에 없고, 한편 유죄의 인정은 법관으로 하여금 합리적인 의심을 할 여지가 없을 정도로 공소사실이 진실한 것이라는 확신을 가지게 하는 증명력을 가진 증거에 의하여야 하므로, 그와 같은 증거가 없다면, 설령 피고인에게 유죄의 의심이 간다고 하더라도 피고인의 이익으로 판단할 수밖에 없으며, 이는 사기죄의 주관적 요소인 범의를 인정함에 있어서도 마찬가지입니다.

차용금의 편취에 의한 사기죄의 성립여부는 차용 당시를 기준으로 판단하여야 하므로, 피고인이 차용 당시에는 변제할 의사와 능력이 있었다면 그 후에 차용금을 변제하지 못하였다고 하더라도 이는 단순한 민사상의 채무불이행에 불과할 뿐 형법 제347조 사기죄가 성립한다고 할 수 없고,

한편 사기죄의 주관적 구성요건인 편취의 범의의 존부는 피고인이 자백하지 아니하는 한 범행 전후의 피고인의 재력, 환경, 범행의 내용, 거래의 이행과정, 피해자와의 관계 등과 같은 객관적인 사정을 종합하여 판단하여야 합니다.

사기죄는 다른 사람을 기망하여 그로 인한 하자 있는 의사에 터 잡아 재물의 교부를 받거나 재산상의 이득을 취득함으로써 성립되고, 사기죄의 요건으로서의 기망은 널리 재산적 거래관계에 있어서 서로 지녀야 할 신의와 성실의 의무를 저버리는 적극적, 소극적 행위를 말하며, 어떤 행위가 다른 사람을 착오에 빠지게 한 기망행위에 해당하는가의 여부는 거래의 상황, 상대방의 지식, 경험, 직업 등 행위 당시의구체적 사정을 고려하여 일반적, 객관적으로 결정하여야 합니다.

설령 피고인이 당시 피해자에게 다른 대출채무의 존재를 고지하지 않았다고 하더라도, 금융기관이 대출에 앞서서 대출 희망자의 신용정보를 조회하는 것은 기본적인 절차이고 이를 통해서 다른 금융기관 채무를 충분히 확인할 수 있었던 점, 피해 은행의 대출 여부나 대출조건의 결정은 동시 대출'신청'의 존재 여부가 아니라 대출 당시 실제로 선행'대출'이 실행되었는지 여부에 따라 결정될 부분이라고 할 것입니다. 이 사건 대출 직후 A저축은행과 B저축은행으로부터 합계 ○,○○○만원 가량 대출받았지만 이는 이 사건 대출 이후에 실행된 것인 이상 피고인으로서는 이 사건 대출당시 그와 같은 대출이 실행될 것인지 여부를 확실히 알기 어려웠을 것으로 보이므로, 피고인이 이 사건 대출 당시 위와 같은 동시 대출 신청 사실을 고지하지 아니하였다고 하여 바로 편취 의사를 인정하기도 어려운 점, 대부업체 이용자들이 고율의 이자를 감수하면서까지 대부 계약을 체결하는 것은 그들이 일반 은행에서는 대출받을 수 없을 정도로 신용도가 낮기 때문이고 이는 거래관계에서 널리 알려진 사실인데, 피해 은행이 당시 피고인에게 상당히 높은 수준의 이자율을 적용한 것은 위와 같은 인식 하에 피고인의 낮은 신용도나 대출사고의 발생가능성을 충분히 계산한 결과로 보이는 점 등을 감안할 때, 당시 피고인에게 편취

고의가 있었다거나 피고인의 이와 같은 동시 대출 신청 사실의 미고지 행위와 피해 은행의 대출 실행 사이에 인과관계가 있었다고 단정하기 어렵습니다.

신용상태가 좋지 못하거나 변제 자력이 부족한 개인이 금융기관을 상대로 대출을 신청하면서 자신의 신용상태나 자력을 과장하여 고지한다고 하더라도, 금융기관, 특히 대부업체는 대출신청인의 부채상황, 자산상태, 신용상태 등을 종합적으로 고려하여 자신의 판단기준에 따라 대출여부를 판단하는 것을 영업으로 하므로, 금융감독법규에 따라 자신의 비용으로 여신심사기준 및 시스템을 구축하여 차주의 객관적인신용상태를 검증하고 대출승인 및 집행여부를 결정하는 것이 마땅하고, 대출신청자가 처음부터 대출금을 편취할 의도가 있었음이 명백하거나 대출 관련 서류를 허위로 제출한 경우 등이 아니면 대부업체에 대한 편취 범의를 쉽게 인정하여서는 안 될 것입니다.

다시 말해"고객이 자신의 신용상태나 대출계획 등을 사실로 이야기하지 않더라도, 이를 검증할 수 있는 시스템 등을 갖추어야 합니다. 그리고 동시대출 진행 여부는 다른 금융기관의 신용조회 여부를 확인하거나(이러한 확인 방법이 마련되어 있는지는 분명하지 아니하나 동시대출 진행 여부가 대출계약 체결 여부의 중요한 사항이라면 금융기관에서는 이를 확인할 수 있는 방법을 미리 마련해 두어야 할 것입니다) 대출계약 체결과 실제 대출 집행일 등의 시차를 두는 방식 등으로 얼마든지 검증할 수 있습니다.

그럼에도 불구하고, 대출심사 시점에서 금융기관이 고객에게 신용상태에 대한 질문을 하고, 고객이 양호한 신용상태로 보이기 위하여 일부 사실이 아닌 진술을 하였다고 하여 바로 기망을 구성할 수 있다고 한다면, 이는 금융관련법이 예정하는 금융기관이 부담하여야 할 거래비용을 형사사법체계와 개인에게 전가하는 결과가 되어 부당하고 판시하여, 사기죄에 대해 무죄 선고하고 항소심에서도 원심의 무죄판결을 유지 하였습니다.

1. 사기회생죄의 '재산의 은닉' 관련 판례

사기회생죄와 사기파산죄의 쟁점은 구성요건 중 '재산의 은닉'을 어떻게 해석하는지가 문제입니다. 많은 판례가 축적되지는 않았지만 아래와 같은 판례를 분석해 보면 적극적인 재산이전 행위 없이 단순히 신고를 하지 않거나 소극적으로 일부 재산을 누락하는 경우 '재산의 은닉'에 해당하지 않는다고 판시하고 있습니다.

(1) 대법원 ○○○○도○○○○ 사건

피고인은 다이아몬드 목걸이 1점 1억 1,800만원, 2,300만원 상당의 수표 등을 재산목록에 기재치 아니하고, 장래수입도 축소 신고하여 개인회생절차를 신청하여 재산을 은닉하였다는 사실로 기소되었습니다. 대법원 판결 요지를 살펴보면 구 개인 채무자회생법 제87조 제1호의 사기회생죄에서 요구하는 '재산의 은닉'은 재산의 발견을 불가능하게 하거나 곤란하게 만드는 것을 말하고, 재산의 소재를 불명하게 하는 경우뿐만 아니라 재산의 소유관계를 불명하게 하는 경우도 포함한다고 할 것이지만, 채무자가 법원에 개인회생절차개시신청을 하면서 단순히 소극적으로 자신의 재산 및 수입 상황을 제대로 기재하지 아니한 재산목록 등을 제출하는 행위는 위 죄에서 요구하는 '재산의 은닉'에 해당한다고 할 수 없다"고 판시하였습니다.

이 사건 제1심 재판에서는 다음과 같은 이유로 '재산의 은닉'에 해당되지 않는다고 판시하였습니다. "공소사실과 같이 개인회생신청 및 변제계획안 수정신청서를 제출함에 있어 허위보고한 경우도 은닉이라 할 수 있는지는 논의의 여지가 있습니다. 개인회생채무자는 개인회생절차개시신청서의 첨부서류로 재산목록과 자신의 수입과 지출에 관한 목록 및 그와 관련한 자료를 제출하여야 합니다. 이러한 자료가 제출되면 법원은 그 내용에 허위나 오류가 있는지 여부와 필요한 사항이 빠짐없이 기재되어 있는지를 우선 심사하여야 합니다.

내용이 부실하거나 누락이 의심되는 등 자료에 덧붙여 설명이나 보완이 필요하다고 인정되는 경우에는 법원은 언제든지 채무자에게 금전의 수입과 지출 그 밖에 채무자의 재산상의 업무에 관하여 보고를 요구할 수 있고, 필요하다고 인정하는 경우에는 재산상황의 조사, 시정의 요구 기타 적절한 조치를 취할 수 있습니다. 이와 관련하여 법은 채무자가 허위로 작성하여 제출한 경우를 개시신청의 기각사유의 하나로 규정하고 있고, 나아가 법원 또는 회생위원의 보고 요구를 거절하거나 허위의 보고를 하는 행위, 시정 요구를 거절하는 행위를 한 경우에는 보고의무위반으로 채무자에 대하여 1년 이하의 징역형 또는 1,000만 원 이하의 벌금형에 처하도록 규정하고 있습니다.

한편 구 파산법에서는 면책불허가 사유의 하나로 사기파산죄에 해당하는 행위가 있다고 인정되는 경우를 규정하면서 별도의 파산자가 허위의 채권자명부를 제출하거나 법원에 대하여 그 재산 상태에 관하여 허위진술을 한 때를 규정하고 있습니다. 이상의 법률 규정 내용을 종합하여 보면, 구 개인채무자회생법은 개인회생신청 및 변제계획안수정신청서를 제출함에 있어 허위보고한 경우까지 사기회생죄 행위 태양의 하나인'은닉'에 포섭하고 있다고 보이지 아니 합니다.

2. 사기파산죄 관련 판례

(1) 대법원 ○○○○도○○○○ 사건

대법원은 개인파산·면책제도를 통하여 면책을 받은 채무자에 대한 차용금 사기죄의 심리방법에 대해서 다음과 같이 신중한 판단으로 채무자의 회생 의지를 꺾지 말아야 한다고 강조하고 있습니다.

주요 판결 요지는 차용금의 편취에 의한 사기죄의 성립 여부는 차용 당시를 기준으로 판단하여야 하므로, 피고인이 차용 당시에는 변제할 의사와 능력이 있었다면 그 후에 차용금을 변제하지 못하였다고 하더라도 이는 단순한 민사상 채무불이행에 불과할 뿐 형사상 사기죄가 성립한다고 할 수 없고, 한편 사기죄의 주관적 구성요건인 편취의 범의 존부는 피고인이 자백하지 아니하는 한 피고인의 재력, 환경, 범행의 내용, 거래의 이행과정, 피해자와의 관계 등과 같은 객관적인 사정을 종합하여 판단하여야 합니다.

따라서 채무자회생 및 파산에 관한 법률상 개인파산·면책제도의 주된 목적 중의 하나는 파산선고 당시 자신의 재산을 모두 파산배당을 위하여 제공한, 정직하였으나 불운한 채무자의 파산선고 전의 채무의 면책을 통하여 그가 파산선고 전의 채무로 인한 압박을 받거나 의지가 꺾이지 않고 앞으로 경제적 회생을 위한 노력을 할 수 있는 여건을 제공하는 것입니다. 그러나 채무자회생법은 채권자 등 이해관계인의 법률관계를 조정하고 파산제도의 남용을 방지하기 위하여, 같은 법 제309조에서 법원은 파산신청이 성실하지 아니하거나 파산절차의 남용에 해당한다고 인정되는 때에는 파산신청을 기각할 수 있도록 하고, 같은 법 제564조 제1항의 각 호에 해당하는 경우에는 법원이 면책을 불허가할 수 있도록 하고, '채무자가 고의로 가한 불법행위로 인한 손해배상청구권'등 같은 법 제566조의 각 호의 청구권은 면책대상에서 제외하며, 같은 법 제569조에 따라 채무자가 파산재단에 속하는 재산을 은닉 또는 손괴하는 등 사기파산죄로 유죄의 확정판결을 받거나 채무자가 부정한 방법으로 면책을 받은 경우 법원의 결정에 의하여 면책이 취소될 수 있도록 하고 있습니다.

한편 개인파산·면책제도를 통하여 면책을 받은 채무자에 대한 차용금 사기죄의 인정여부는 그 사기로 인한 손해배상채무가 면책대상에서 제외되어 경제적 회생을 도모하려는 채무자의 의지를 꺾는 결과가 될 수 있다는 점을 감안하여 보다 신중한 판단을 요합니다.

(2) 인천지방법원 ○○○○노○○○○ 사건

피고인은 그의 소유인 승용차 및 피고인이 1인 이사로 등재된 주식회사의 현황을 기재치 아니하고 파산 신청하여 재산을 은닉하였다는 사실로 기소되었습니다. 법원은 사기파산죄에서 말하는 '재산의 은닉'은 재산의 발견을 불가능하게 하거나, 곤란하게 만드는 것으로, 재산의 소재 뿐 아니라 소유

관계를 불분명케 하는 것도 이에 해당하지만, 단순히 소극적으로 재산 및 수입 상황을 제대로 기재하지 아니하고 재산목록 등을 제출하는 것은 이에 해당하지 아니한다면서 무죄 선고한 사건입니다.

(3) 서울서부지방법원 ○○○○고단○○○○ 사건

피고인은 타인 명의로 명의 신탁된 재산을 자식들에게 증여를 이유로 소유권이전등기를 경료한 후, 파산신청 하여 재산을 은닉하였다는 사실로 기소되었습니다. 법원에서는 이와 같은 소유권이전등기 행위는 자기 또는 타인의 이익을 도모하거나 채권자를 해할 목적으로 파산재단의 재산을 은닉한 행위에 해당한다고 유죄를 선고한 사건으로 소유권 이전이라는 적극적 행위가 있었으므로 재산은닉 행위에 해당하여 유죄 선고된 것으로 판단하였습니다.

3. 허위보고 등 죄 관련 판례

채무자회생법의 처벌규정인 허위보고 등은 기존 회사의 대표가 관리인으로 선임되어 법원이 회사 내부사정을 제대로 파악하지 못하고 있다는 점을 악용하여 법원에 허위보고 하는 것에 대해 처벌하는 조항으로 현재까지 확인된 판례에 의하면'허위보고'는 객관적으로 허위의 사실이고, 주관적으로 허위임을 인식해야 된다고 판시하고 있습니다. 따라서 객관적으로 허위의 사실이지만 그 정을 모르고 한 행위라면 처벌할 수 없습니다.

(1) 대법원 ○○○○도○○○ 사건

피고인은 회사의 대표이사로서 특정 채권자에 대한 채무 ○,○○○만원 중 ○,○○○만원을 피고인이 변제하고도 회생절차 개시 후 재차 특정 채권자에 대하여 ○,○○○만원을 변제하여야 한다고 법원에 허위보고 하였다는 사실로 기소되었습니다. 대법원 판결요지는 허위 보고죄가 성립하기 위해서는 객관적으로 보고 내용이 허위일 것과, 주관적으로 허위에 대한 인식이 필요하다 할 것인데, 피고인이 특정채권자에게 기 제공한 ○,○○○만원은 회생절차가 개시되어 변제를 받는 경우 돌려받기로 한 일종의 담보에 불과한 금원으로, 피고인에게 허위보고에 대한 인식이 있었다고 볼 수 없다며 무죄취지로 파기환송한 것입니다.

(2) 울산지방법원 ○○○○고단○○○○ 사건

피고인이 대표이사로 재직하였던 회사가 회생개시 결정되었고, 피고인은 같은 날 위 회사의 관리인으로 선임되어 재직하였습니다. 피고인은 회생절차 개시 법원의 허가를 받지 아니한 회생계획에 없는 약 ○억 ○,○○○만 원 상당의 채무를 임의로 변제한사실로 기소되어 법원에서도 허가를 받아야 하는 관리인 행위에 대하여 허가 없이 행위 한 것에 해당하여 유죄 선고된 사건입니다.

채무자회생법 제74조에 따르면, 결격사유가 없는 한 대표자 등을 관리인으로 선임하여야 하는 바, 본 처벌 조항은 기존 대표자 선임에 대한 문제점을 보완하려는 제도적 장치인 셈입니다.

제2장 채무자 회생 및 파산에 관한 법률위반 고소방법

1. 수사권 및 고소장 접수

채무자 회생 및 파산에 관한 법률 제650조 사기파산죄, 채무자 회생 및 파산에 관한 법률 제643조 제3항 사기개인회행죄, 형법 제347조 사기죄가 적용되는 사건에 대한 수사권은 경찰에 있습니다. 다만 사기죄 중에서 특정경제범죄 법적용의 대상이 되는 범죄에 대한 형법 제347조 사기죄를 범한 사람은 그 범죄행위로 인하여 취득하거나 제3자로 하여금 취득하게 한 그 재물 또는 재산상의 이득의 가액이 5억 원 이상의 경우 검찰에 수사권이 있습니다.

고소장은 채무자 회생 및 파산에 관한 법률 제650조 사기파산죄, 법 제643조 제3항 사기개인회행죄, 형법 제347조 사기죄가 적용되는 사건에 대하여 피고소인의 주소지를 관할하는 경찰서에 접수하여야 하고, 사기죄 중에서 범죄의 피해액이 5억 원을 초과하는 사기죄, 횡령죄에 대해서 피고소인의 주소지를 관할하는 지방검찰청이나 지청에 2026. 10.까지는 접수하여야 하고 그 이후부터 검찰청이 폐지되고 행정안전부 산하에 중대범죄수사청이 신설되므로 피고소인의 주소지를 관할하는 중대범죄수사지청에 접수하여야 합니다.

2. 수사와 판단

검찰청에 수사권이 있는 특정경제범죄 법적용의 대상이 되는 형법 제347조 사기죄에 대하여 고소장이 피고소인의 주소지를 관할하는 지방검찰청이나 지청에 접수되면 검사가 수사한 결과 피의자에 대한 범죄혐의 유죄로 인정되면 법원에 공소를 제기하고, 피의자에 대한 범죄혐의 인정되지 않는다고 판단하면 불기소처분을 할 수 있습니다. 2026. 10.이후부터는 중대범죄수사청에서 수사하고 판단합니다.

불기소처분을 통지받은 고소인은 불기소처분통지서를 송달받은 날부터 30일 이내에 불기소처분을 한 그 검사 소속 지방검찰청이나 지청을 경유하여 관할 고등검찰청 검사장에게 항고할 수가 있습니다. 2026. 10.부터는 중대범죄수사청에서 한 불기소처분에 대한 항고대상기관은 별도로 마련할 것으로 보여집니다.

경찰에 일차적 수사권과 수사종결권을 가지고 있는 사건은 채무자 회생 및 파산에 관한 법률 제650조 사기파산죄, 같은 법 제643조 제3항 사기개인회생죄, 형법 제347조의 사기죄가 적용되는 사건에 대하여 피고소인의 주소지를 관할하는 경찰서에 접수되면 사법경찰관이 수사한 결과 피의자에 대하여 범죄혐의 인정되면 일차적 수사권에 의하여 기소의견으로 검찰에 송치하고, 피의자에 대한 범죄혐의 인정되지 않는다고 판단하면 수사종결권에 의하여 불송치(경찰의 수사와 판단만으로 경찰에서 자체적으로 고소사건을 종결한다는 뜻입니다)결정을 할 수가 있습니다.

3. 불기소처분의 대응

검사가 수사권이 있는 특정경제범죄 사기죄 고소사건을 검사가 수사한 결과 피의자에 대한 범죄혐의 인정되지 않는다는 이유로 불기소처분을 한 경우 고소인이 불기소처분을 인정할 수 없다면 바로 불기소처분을 한 그 검사 소속의 지방검찰청이나 지청을 경유하여 관할 고등검찰청 검사장에게 '항고' 하여야 합니다.

항고를 받은 고등검찰청 검사는 고소인의 항고가 이유 있다고 판단하면 첫째, 재기수사명령 둘째, 주문변경명령 셋째, 공소제기명령 넷째, 직접 수사하여 경정하게 됩니다. 그러므로 항고장에는 검사가 불기소처분을 한 것은 어떤 부분의 수사가 제대로 하지 않고 검사가 자의적으로 판단한 잘못이 있다거나 고소장에 피의사실을 주장하고 고소인이 진술을 하였음에도 불구하고 검사가 불기소처분을 하면서 이 부분에 대한 수사와 판단을 다하지 않은 점이 있으면 구체적으로 지적하고 고등검찰청의 검사에게 설명하는 식으로 항고장을 작성하여야 효과적입니다.

4. 경찰의 판단 및 결정

사법경찰관이 수사한 결과 피의자에 대한 범죄혐의 인정되지 않는다는 판단
으로 불송치 결정을 한 때에는 7일 이내에 서면으로 고소인에게 사건을 기소
의견으로 검찰에 송치하지 아니하는 취지와 그 이유를 통지하여야 합니다.

5. 불복 절차 이의신청

불송치결정통지를 송달받은 고소인은 그 사법경찰관 관서의 장(경찰서장)에게
이의신청을 할 수 있습니다. 한편 형사소송법이 개정되면서 불송치 결정에 대
한 이의신청을 할 수 있는 기간을 따로 정하지 않았습니다. 그러므로 채무자
회생 및 파산에 관한 법률 제650조 사기파산죄, 같은 법 제643조 제3항 사
기개인회생죄, 형법 제347조의 사기죄 사건에 대한 공소시효가 만료되기 전
에는 언제든지 불송치 결정에 대한 이의신청을 할 수 있습니다.

6. 정보공개청구

이의신청서를 작성할 때 사법경찰관이 불송치 결정을 한 이유가 무엇인지 파
악하고 그에 따른 이의신청서를 작성하고 검사에게 설명하는 식으로 작성하
여야 합니다. 대부분 불송치결정통지서에는 구체적인 불송치이유를 기재하지
않고 있기 때문에 바로 사법경찰관 소속 경찰서 종합민원실로 가서서 정보공
개를 청구하여 사법경찰관이 작성한 불송치이유를 발급받아 불송치이유에 위
법이나 부당한 부분을 이의신청서를 통하여 지적하여야 고소인에게 훨씬 유
리합니다.

7. 수사기록의 송부

사법경찰관은 고소인으로부터 이의신청을 받은 경우 지체 없이 고소인이 제
출한 이의신청서와 사법경찰관이 채무자 회생 및 파산에 관한 법률 제650조
사기파산죄, 같은 법 제643조 제3항 사기개인회생죄, 형법 제347조의 사기
죄 사건에 대해 지금까지 수사한 수사기록을 비롯하여 관련 증거물을 검사에

게 송부해야 합니다. 2026. 10.부터는 행정안전부 산하 지금의 시·도 지방경
찰청인 중대범죄수사청으로 송부하여야 합니다.

8. 검사의 재수사 판단

검사(2026. 10.이전까지)는 사법경찰관으로 하여금 고소인이 제출한 이의신
청서와 채무자 회생 및 파산에 관한 법률 제650조 사기파산죄, 같은 법 제
643조 제3항 사기개인회행죄, 형법 제347조의 사기죄의 수사기록을 넘겨받
은 검사로서는 사법경찰관이 한 불송치 결정이 위법 또는 부당한 때는 90일
이내에 재수사요청 여부를 판단하여야 하고 2026. 10.이후부터는 중대범죄수
사지청(지금으로 말하면 각 지방경찰청에 해당됩니다) 수사관이 재수사 여부
를 판단합니다.

9. 이의신청 이유

사법경찰관으로 하여금 유죄가 인정될 수가 있도록 고소장을 잘 작성하고 고
소인 진술을 통해 범죄혐의를 입증하여야만 사법경찰관이 불송치 결정을 할
수 없습니다.

불송치결정통지를 받았다면 고소인으로서는 이의신청서를 통해 검사에게 사
법경찰관이 불송치이유로 심은 법적 근거가 어떤 이유에서 왜 잘못되었는지
검사가 2026. 10.이전까지는 이의신청서만 읽고도 알 수 있도록 작성하여야
이의신청을 받아들여 다시 사법경찰관에게 재수사를 하게하고 최종적으로 기
소 여부를 판단하기 때문에 고소인의 목적을 달성할 수가 있습니다.

2026. 10.이후부터는 검찰청이 폐지되고 중대범죄수사청의 수사관계자가 이
의신청을 받아들여 재수사를 요청할 수 있도록 설명하는 식으로 이의신청서
를 잘 작성해야 합니다.

제3장 개인파산죄·개인회생·사기죄 고소장 최신서식

(1) 개인파산죄 고소장 - 채권자를 해할 목적으로 허위채무 제출하여 타인 명의로
수취 처벌을 요구하는 사기파산죄 고소장 최신서식

고 소 장

고 소 인 : ○ ○ ○

피 고 소 인 : ○ ○ ○

인천시 부평경찰서장 귀중

고 소 장

1.고소인

성명	○ ○ ○	주민등록번호	생략
주소	인천시 부평구 ○○로 ○길 ○○, ○○○호		
직업	생략	사무실 주 소	생략
전화	(휴대폰) 010 - 2378 - 0000		
대리인에 의한 고 소	□ 법정대리인 (성명 : , 연락처) □ 소송대리인 (성명 : 변호사, 연락처)		

2.피고소인

성명	○ ○ ○	주민등록번호	생략
주소	인천시 부평구 ○○로 ○길 ○○, ○○○호		
직업	무직	사무실 주 소	생략
전화	(휴대폰) 010 - 1789 - 0000		
기타사항	이 사건 고소인 겸 이의신청인입니다.		

3.고소취지

　　피고소인이 채권자인 고소인을 해할 목적으로 채무자 회생 및 파산에 관한 법률에서 법률상 금지된 행위를 하였으므로 이에 채무자 회생 및 파산에 관한 법률 제650조 제1항 제1호 위반 사기파산죄로 고소하오니 피고소인을 철저히 수사하여 법의 준엄함을 절실히 깨달을 수 있도록 엄벌에 처해 주시기 바랍니다.

4.범죄사실

(1) 적용법조

　　○ 채무자 회생 및 파산에 관한 법률 제650조(사기파산죄) 제1항 채무자가 파산선고의 전후를 불문하고 자기 또는 타인의 이익을 도모하거나 채권자를 해할 목적으로 다음 각 호의 어느 하나에 해당하는 행위를 하고, 그 파산선고가 확정된 때에는 10년 이하의 징역 또는 1억 원 이하의 벌금에 처합니다.

　　　　1. 파산재단에 속하는 재산을 은닉 또는 손괴하거나 채권자에게 불이익하게 처분을 하는 행위

　　　　2. 파산재단의 부담을 허위로 증가시키는 행위

　　　　3. 법률의 규정에 의하여 작성하여야 하는 상업 장부를 작성하지 아니하거나, 그 상업 장부에 재산의 현황을 알 수 있는 정도의 기재를 하지 아니하거나, 그 상업 장부에 부실한 기재를 하거나, 그 상업 장부를 은닉 또는 손괴하는 행위

　　　　4. 제481조의 규정에 의하여 법원사무관 등이 폐쇄한 장부에 변경을 가하거나 이를 은닉 또는 손괴하는 행위

　　　　제2항 수탁자, 신탁재산관리인, 수탁자의 법정대리인, 수탁자의 지배인 또는 법인인 수탁자의 이사가 파산선고의 전후를 불문하고 자기 또는 타인의 이익을 도모하거나 채권자를 해할 목적으로 제1항 각 호의 어느 하나

에 해당하는 행위를 하고, 유한책임신탁재산에 대한 파산선고가 확정된 경우에는 10년 이하의 징역 또는 1억 원 이하의 벌금에 처합니다.

(2) 당사자의 관계

○ 고소인은 주소지에 거주하며, 인천시 부평구 ○○로길 ○○, 소재에서 ○○이라는 상호로 ○○대리점을 운영하고 있고, 피고소인은 ○○○○. ○○. ○○.경부터 인천시 부평구 ○○로 ○○,에서 ○○이라는 상호로 전자제품 판매점을 운영하던 자입니다.

(3) 고소사실 및 이 사건의 실체

○ 피고소인은 ○○○○. ○○. ○○. 고소인에게 찾아와 인천시 연수구 소재 모 전자제품제조공장에서 자신이 취급하는 전자제품을 싸게 주겠다고 한다며 돈을 ○,○○○만 원만 빌려주면 전자제품을 4개월 안에 팔아서 변제하겠다고 해서 ○○○○. ○○. ○○. 금 ○,○○○만 원을 빌려주었습니다.

○ 변제기일이 지나도록 변제하지 않아 피고소인에게 수차례에 걸쳐 독촉하였으나 수금이 되지 않아서 그렇다며 ○개월만 시간을 더 주면 이자까지 쳐서 모두 갚겠다고 해서 약속일을 기다렸습니다.

○ 추가 약식기일이 지나도록 변제하지 않아 계속 독촉을 하고 있었는데 피고소인이 거래처가 물품대금을 지급하지 않고 연락이 되지 않는다며 계속 차일피일 지체하며 변제하지 않고 있던 중 고소인은 피고소인을 상대로 인천지방법원 ○○○○가단○○○○호로 대여금반환 청구소송을 제기하여 ○○○○. ○○. ○○. 승소판결을 받아 그 무렵 판결은 확정되었습니다.

○ 고소인이 피고소인의 재산에 대해 강제집행을 실시하려고 준비 중에 있었는데 피고소인은 ○○○○. ○○. ○○. 인천지방법원 ○○○○하면○○○○호로 개인파산을 신청하였습니다.

○ 그러나 고소인이 인천지방법원 ○○○○하면○○○○호에 제출된 파산신청서 사본을 열람·복사하는 과정에서 피고소인이 다음과 같이 기망 및 은닉

행위를 한 사실을 확인하였습니다.

- 다　음 -

　(1) 피고소인은 본인 명의의 사업체 계좌에서 배우자 명의의 계좌로 매출 및 수당금을 이전하여 실질적 수입을 은폐하였습니다.

　(2) 파산재단에 속하는 소유 재산(사업체의 보증금 및 권리금 약 5, 200만 원 상당)을 타인 명의의 계좌로 수취하였습니다.

　(3) 허위 부채 내역(가족·지인 간 허위채무 약 6,000만 원)을 기재하여 실제 채권자인 고소인의 채권회수를 어렵게 하였습니다.

(4) 고소이유 및 법적근거

위와 같은 피고소인의 행위는 명백히 채권자를 해할 목적으로 재산을 은닉, 허위 보고하여 파산절차를 악용한 것으로서 이는 채무자 회생 및 파산에 관한 법률 제650조 제1항 제1호의 사기파산죄에 해당합니다.

한편 피고소인은 파산선고를 이용하여 고소인의 집행을 방해한 점은 형법 제327조 강제집행면탈죄와도 관련성이 있습니다.

이에 고소인은 피고소인에 대하여 채무자 회생 및 파산에 관한 법률 제650조 제1항 제1로 사기파산죄 및 형법 제327조 강제집행면탈죄로 고소하오니 철저히 수사하여 법의 준엄함을 깨달을 수 있도록 엄벌에 처하여 주시기 바랍니다.

5.증거자료

☐ 고소인은 고소인의 진술 외에 제출할 증거가 없습니다.

■ 고소인은 고소인의 진술 외에 제출할 증거가 있습니다.

　☞ 제출할 증거의 세부내역은 별지를 작성하여 첨부합니다.

6.관련사건의 수사 및 재판여부

① 중복 고소여부	본 고소장과 같은 내용의 고소장을 다른 검찰청 또는 경찰서에 제출하거나 제출하였던 사실이 있습니다 □ / 없습니다 ■
② 관련 형사사건 수사유무	본 고소장에 기재된 범죄사실과 관련된 사건 또는 공범에 대하여 검찰청이나 경찰서에서 수사 중에 있습니다 □ / 수사 중에 있지 않습니다 ■
③ 관련 민사소송 유무	본 고소장에 기재된 범죄사실과 관련된 사건에 대하여 법원에서 민사소송 중에 있습니다 □ / 민사소송 중에 있지 않습니다 ■

7.기타

　본 고소장에 기재한 내용은 고소인이 알고 있는 지식과 경험을 바탕으로 모두 사실대로 작성하였으며, 만일 허위사실을 고소하였을 때에는 형법 제156조 무고죄로 처벌받을 것임을 아울러 서약합니다.

○○○○ 년 ○○ 월 ○○ 일

위 고소인 : ○　○　○　(인)

인천시 부평경찰서장 귀중

별지 : 증거자료 세부 목록

(범죄사실 입증을 위해 제출하려는 증거에 대하여 아래 각 증거별로 해당 난을 구체적으로 작성해 주시기 바랍니다)

1. 인적증거

성 명	○ ○ ○	주민등록번호	생략		
주 소	인천시 ○○구 ○○로 ○길 ○○, ○○○호			직업	회사원
전 화	(휴대폰) 010 - 3909 - 0000				
입증하려는 내 용	위 ○○○은 고소인의 직장 동료로서 피고소인이 고소인을 찾아와 돈을 빌린 과정을 직접 목격하여 이를 입증하고자 합니다.				

2. 증거서류

순번	증 거	작성자	제출 유무
1	차용증 사본	고소인	■ 접수시 제출 □ 수사 중 제출
2	판결문 사본	고소인	■ 접수시 제출 □ 수사 중 제출
3	부동산 거래내역	고소인	■ 접수시 제출 □ 수사 중 제출
4	파산신청 첨부서류	고소인	■ 접수시 제출 □ 수사 중 제출
5	배우자 명의 거래내역	고소인	■ 접수시 제출 □ 수사 중 제출

3. 증거물

순번	증 거	소유자	제출 유무
1	위 첨부서류	고소인	■ 접수시 제출 □ 수사 중 제출
2			□ 접수시 제출 □ 수사 중 제출
3			□ 접수시 제출 □ 수사 중 제출
4			□ 접수시 제출 □ 수사 중 제출
5			□ 접수시 제출 □ 수사 중 제출

4. 기타증거

추후 필요에 따라 제출하겠습니다.

고 소 장

고 소 인 : ○ ○ ○

피 고 소 인 : ○ ○ ○

대전시 ○○경찰서장 귀중

고 소 장

1. 고소인

성명	○ ○ ○	주민등록번호	생략
주소	대전시 ○○구 ○○로 ○길 ○○, ○○○호		
직업	생략	사무실 주 소	생략
전화	(휴대폰) 010 - 9875 - 0000		
대리인에 의한 고 소	□ 법정대리인 (성명 : , 연락처) □ 소송대리인 (성명 : 변호사, 연락처)		

2. 피고소인

성명	○ ○ ○	주민등록번호	생략
주소	대전시 ○○구 ○○로 ○길 ○○, ○○○호		
직업	무직	사무실 주 소	생략
전화	(휴대폰) 010 - 1789 - 0000		
기타사항	고소인과의 관계 - 친인척 관계 없습니다.		

3.고소취지

고소인은 피고소인을 채무자 회생 및 파산에 관한 법률 제658조(설명의무위반죄)로 고소하오니 피고소인을 철저히 수사하여 법의 준엄함을 절실히 깨달을 수 있도록 엄벌에 처해 주시기 바랍니다.

4.범죄사실

(1) 적용법조

- 채무자 회생 및 파산에 관한 법률 제658조(설명의무위반죄) 법 제321조(채무자 등의 설명의무) 및 법 제578조의7(파산선고를 받은 신탁의 수탁자 등의 설명의무)에 따라 설명의 의무가 있는 자가 정당한 사유 없이 설명을 하지 아니하거나 허위의 설명을 한 때에는 1년 이하의 징역 또는 1,000천만 원 이하의 벌금에 처합니다.

- 채무자 회생 및 파산에 관한 법률 제658조(설명의무위반죄)는 채무자가 파산관재인, 감사위원, 채권자집회 등의 요청에 대해 파산에 관한 필수적인 설명을 정당한 이유 없이 하지 않거나 허위 설명을 할 경우 처벌하는 규정입니다.

- 피고소인(채무자 및 그 대리인, 채무자의 이사, 채무자의 지배인)은 파산관재인·감사위원 또는 채권자집회의 요청에 의하여 파산에 관하여 필요한 설명을 해야 합니다. 채무자 회생 및 파산에 관한 법률 제658조에 규정된 범죄로, 파산관재인·감사위원 또는 채권자집회(이하'파산관재인 등'이라고 합니다)가 요청하는'파산에 관하여 필요한 설명'을 채무자가 정당한 사유 없이 하지 않거나 허위로 설명한 경우 성립합니다. 설명의무위반죄가 인정되면 1년 이하 징역 또는 1,00 0천만 원 이하 벌금에 처해지며, 면책 불허가 사유가 될 수 있습니다.

- 대법원 판례(2024. 3. 14.)에 따르면 설명의무위반죄는 파산절차의 공정성과 신뢰를 보호하기 위해 엄격히 적용되며, 채무자가 고의적으로 필수 정보를 은폐하거나 허위 진술할 경우 엄중히 처벌됩니다.

(2) 당사자의 관계

○ 고소인은 주소지에 거주하며, 대전시 ○○구 ○○로길 ○○, 소재에서 ○○
  이라는 상호로 ○○식당을 운영하고 있고, 피고소인은 ○○○○. ○○. ○
  ○.경부터 대전시 ○○구 ○○로 ○○,에서 ○○이라는 상호로 ○○센터를
  운영하던 자입니다.

(3) 고소사실 및 이 사건의 실체

○ 피고소인은 ○○○○. ○○. ○○. 고소인에게 찾아와 대전시 ○○구 소재
  ○○공장에서 자신이 취급하는 ○○제품을 싸게 주겠다고 한다며 돈을 ○,
  ○○○만 원만 빌려주면 ○○제품을 4개월 안에 팔아서 변제하겠다고 해
  서 ○○○○. ○○. ○○. 금 ○,○○○만 원을 빌려주었습니다.

○ 변제기일이 지나도록 변제하지 않아 피고소인에게 수차례에 걸쳐 독촉하
  였으나 수금이 되지 않아서 그렇다며 ○개월만 시간을 더 주면 이자까지
  쳐서 모두 갚겠다고 해서 약속일을 기다렸습니다.

○ 약식기일이 지나도록 변제하지 않아 계속 독촉을 하고 있었는데 피고소인
  이 변제하지 않고 있던 중 고소인은 피고소인을 상대로 대전지방법원 ○
  ○○○가단○○○○호로 대여금반환 청구소송을 제기하여 ○○○○. ○○.
  ○○. 승소판결을 받아 그 무렵 판결은 확정되었습니다.

○ 고소인이 강제집행을 실시하려고 준비 중에 있었는데 피고소인은 ○○○
  ○. ○○. ○○. 대전지방법원 ○○○○하면○○○○호로 개인파산을 신청
  하였습니다.

○ 그러나 피고소인은 대전지방법원 ○○○○하면○○○○호에 채무자로서 ○
  ○○○. ○○. ○○.부터 ○○○○. ○○. ○○. 동안 파산절차 진행에 필수
  적인 설명 요청 내용을 위의 확정된 대여금을 대여금이 아닌 투자금이라
  고 허위로 설명하여 채무자 회생 및 파산에 관한 법률 제658조를 위반하
  였습니다.

○ 피고소인의 위 허위의 설명으로 인해 파산절차가 방해 또는 지연되었으며, 채권자 및 이해관계인에게 실질적인 피해와 불이익이 발생하였습니다.

○ 이에 고소인은 피고소인에 대하여 채무자 회생 및 파산에 관한 법률 제 668조 설명의무위반죄로 고소하오니 피고소인을 철저히 수사하여 법의 준엄함을 절실히 깨달을 수 있도록 엄벌에 처하여 주시기 바랍니다.

5.증거자료

□ 고소인은 고소인의 진술 외에 제출할 증거가 없습니다.

■ 고소인은 고소인의 진술 외에 제출할 증거가 있습니다.

☞ 제출할 증거의 세부내역은 별지를 작성하여 첨부합니다.

6.관련사건의 수사 및 재판여부

① 중복 고소여부	본 고소장과 같은 내용의 고소장을 다른 검찰청 또는 경찰서에 제출하거나 제출하였던 사실이 있습니다 □ / 없습니다 ■
② 관련 형사사건 수사유무	본 고소장에 기재된 범죄사실과 관련된 사건 또는 공범에 대하여 검찰청이나 경찰서에서 수사 중에 있습니다 □ / 수사 중에 있지 않습니다 ■
③ 관련 민사소송 유무	본 고소장에 기재된 범죄사실과 관련된 사건에 대하여 법원에서 민사소송 중에 있습니다 □ / 민사소송 중에 있지 않습니다 ■

7.기타

본 고소장에 기재한 내용은 고소인이 알고 있는 지식과 경험을 바탕으로 모두 사실대로 작성하였으며, 만일 허위사실을 고소하였을 때에는 형법 제156조 무고죄로 처벌받을 것임을 아울러 서약합니다.

○○○○ 년 ○○ 월 ○○ 일

위 고소인 : ○　○　○　(인)

대전시 ○○경찰서장 귀중

별지 : 증거자료 세부 목록

　　(범죄사실 입증을 위해 제출하려는 증거에 대하여 아래 각 증거별로 해당
　　난을 구체적으로 작성해 주시기 바랍니다)

1. 인적증거

성　명	○ ○ ○		주민등록번호	생략		
주　소	대전시 ○○구 ○○로 ○길 ○○, ○○○호				직업	상업
전　화	(휴대폰) 010 - 3909 - 000 0					
입증하려는 내　용	위 ○○○은 피고소인이 채권자집회의 요청을 받고도 설명을 하　　지 않은 사실을 입증하고자 합니다.					

2. 증거서류

순번	증　거	작성자	제출 유무
1	문서 및 통지서류	고소인	■ 접수시 제출　□ 수사 중 제출
2	허위의 입증자료	고소인	■ 접수시 제출　□ 수사 중 제출
3	관련 문서 일체	고소인	■ 접수시 제출　□ 수사 중 제출
4		고소인	□ 접수시 제출　□ 수사 중 제출
5		고소인	□ 접수시 제출　□ 수사 중 제출

3. 증거물

순번	증 거	소유자	제출 유무
1	위 첨부서류	고소인	■ 접수시 제출 □ 수사 중 제출
2			□ 접수시 제출 □ 수사 중 제출
3			□ 접수시 제출 □ 수사 중 제출
4			□ 접수시 제출 □ 수사 중 제출
5			□ 접수시 제출 □ 수사 중 제출

4. 기타증거

추후 필요에 따라 제출하겠습니다.

(3) 사기회생죄 고소장 - 채무자가 개인회생신청 직전의 허위 사실을 고의로 제출
          하여 사기행위 강력한 처벌을 요구하는 고소장 최신서식

고 소 장

고 소 인 : ○ ○ ○

피 고 소 인 : ○ ○ ○

전주시 ○○경찰서장 귀중

고 소 장

1.고소인

성명	○ ○ ○	주민등록번호	생략
주소	전주시 ○○구 ○○로 ○길 ○○, ○○○호		
직업	생략	사무실 주 소	생략
전화	(휴대폰) 010 - 3456 - 0000		
대리인에 의한 고 소	□ 법정대리인 (성명 : , 연락처) □ 소송대리인 (성명 : 변호사, 연락처)		

2.피고소인

성명	○ ○ ○	주민등록번호	생략
주소	전주시 ○○구 ○○로 ○길 ○○, ○○○호		
직업	무직	사무실 주 소	생략
전화	(휴대폰) 010 - 1789 - 0000		
기타사항	고소인과의 관계 - 친인척 관계 없습니다.		

3.고소취지

고소인은 피고소인을 형법 제347조(사기죄)로 고소하오니 피고소인을 철저히 수사하여 법의 준엄함을 절실히 깨달을 수 있도록 엄벌에 처해 주시기 바랍니다.

4.범죄사실

(1) 적용법조

○ 형법 제347조 제1항 사람을 기망하여 재물의 교부를 받거나 재산상의 이익을 취득한 자는 10년 이하의 징역 또는 2,000만 원 이하의 벌금에 처하는 범죄입니다.

○ 피고소인(개인회생신청자)이 개인회생절차 개시 신청에 임박했을 무렵에는 이미 기존 금융권 대출은 초과 상태여서 제1금융권에서는 대출이 되지 않는 경우이어서 중금리 대출을 취급하는 제2금융권에서 조차 대출을 쉽게 받을 수 없는 형편에 있었음에도 불구하고 고소인에게 돈을 빌려주면 3개월 안에 변제하겠다고 거짓말하여 이에 속은 고소인으로부터 ○○○○. ○○. ○○. 금 ○,○○○만 원을 빌린 뒤 개인회생신청 한 것은 형법 제347조 사기죄가 성립합니다.

(2) 당사자의 관계

○ 고소인은 주소지에서 ○○이라는 상호로 ○○정육식당을 운영하고 있고, 피고소인은 ○○○○. ○○. ○○.경부터 전주시 ○○구 ○○로 ○○,에서 ○○이라는 상호로 호프집을 운영하던 자입니다.

(3) 고소사실 및 이 사건의 실체

○ 피고소인은 ○○○○. ○○. ○○. 고소인에게 찾아와 전주시 ○○구 ○○로 ○○,에서 ○○호프집을 운영하는데 호프집을 내부 인테리어공사를 해서 권리금을 받아 넘기고 돈을 갚겠다고 해서 ○○○○. ○○. ○○.인테리어공사비로 금 ○,○○○만 원을 발려 준 것인데 약속기일이 지나도록 돈

을 갖지 않아 하는 수 없이 피고소인을 상대로 전주지방법원 ○○○○차 ○○○○호로 지급명령을 신청하자 피고소인이 이의신청을 하여 본안법원으로 넘어가 ○○○○. ○○. ○○. 승소판결을 받았습니다.

○ 피고소인은 ○○○○. ○○. ○○.전주지방법원 ○○○○회생○○○○호로 개인회생절차를 신청하면서 자신의 실제 소득과 재산을 은닉하고 허위의 대출서류 및 소득자료를 제출하여 법원을 기망하였습니다.

○ 이에 따라 피고소인은 법원으로부터 부당하게 개인회생인가결정을 받았고 고소인은 이에 따른 금전적 피해를 입었습니다. 피고소인은 의도적으로 고소인이 제기한 민사소송에서 ○○○○. ○○. ○○.패소하자 곧바로 ○○○○. ○○. ○○. 개인회생절차를 신청하였고 고소인으로부터 자신이 운영하는 호프집을 인테리어공사비로 사용한다고 속이고 돈을 빌려 공사비로 사용하지 않고 다른 곳에 사용하고 개인회생절차를 신청한 것은 처음부터 돈을 빌리더라도 변제할 의사와 능력이 없으면서 사전에 개인회생절차를 준비한 행위는 형법 제347조 사기죄에 해당합니다,

○ 피고소인은 고소인을 비롯한 많은 채권자들을 속이고자 허위 사실을 고의로 제출하여 법적 이익을 취하였으므로 이는 형법 제347조 사기죄가 성립합니다.

○ 이에 고소인은 피고소인에 대하여 형법 제347조 사기죄로 고소하오니 피고소인을 철저히 수사하여 법의 준엄함을 절실히 깨달을 수 있도록 엄벌에 처하여 주시기 바랍니다.

5.증거자료

□ 고소인은 고소인의 진술 외에 제출할 증거가 없습니다.
■ 고소인은 고소인의 진술 외에 제출할 증거가 있습니다.
  ☞ 제출할 증거의 세부내역은 별지를 작성하여 첨부합니다.

① 중복 고소여부	본 고소장과 같은 내용의 고소장을 다른 검찰청 또는 경찰서에 제출하거나 제출하였던 사실이 있습니다 □ / 없습니다 ■
② 관련 형사사건 수사유무	본 고소장에 기재된 범죄사실과 관련된 사건 또는 공범에 대하여 검찰청이나 경찰서에서 수사 중에 있습니다 □ / 수사 중에 있지 않습니다 ■
③ 관련 민사소송 유무	본 고소장에 기재된 범죄사실과 관련된 사건에 대하여 법원에서 민사소송 중에 있습니다 □ / 민사소송 중에 있지 않습니다 ■

7.기타

  본 고소장에 기재한 내용은 고소인이 알고 있는 지식과 경험을 바탕으로 모두 사실대로 작성하였으며, 만일 허위사실을 고소하였을 때에는 형법 제156조 무고죄로 처벌받을 것임을 아울러 서약합니다.

○○○○ **년** ○○ **월** ○○ **일**

위 고소인 : ○ ○ ○   **(인)**

전주시 ○○경찰서장 귀중

별지 : 증거자료 세부 목록

(범죄사실 입증을 위해 제출하려는 증거에 대하여 아래 각 증거별로 해당 난을 구체적으로 작성해 주시기 바랍니다)

1. 인적증거

성 명	○ ○ ○	주민등록번호	생략		
주 소	전주시 ○○구 ○○로 ○○, ○○○호			직업	상업
전 화	(휴대폰) 010 - 3909 - 0000				
입증하려는 내 용	위 ○○○은 피고소인이 채권자들을 속이려고 허위 사실을 고의로 제출한 사실에 대해 입증하고자 합니다.				

2. 증거서류

순번	증 거	작성자	제출 유무
1	개인회생신청서류	고소인	■ 접수시 제출　□ 수사 중 제출
2	허위 대출 계약서	고소인	■ 접수시 제출　□ 수사 중 제출
3	대출내역서	고소인	■ 접수시 제출　□ 수사 중 제출
4	회생계획 인가 결정문	고소인	■ 접수시 제출　□ 수사 중 제출
5		고소인	□ 접수시 제출　□ 수사 중 제출

3. 증거물

순번	증 거	소유자	제출 유무
1	위 첨부서류	고소인	■ 접수시 제출 □ 수사 중 제출
2			□ 접수시 제출 □ 수사 중 제출
3			□ 접수시 제출 □ 수사 중 제출
4			□ 접수시 제출 □ 수사 중 제출
5			□ 접수시 제출 □ 수사 중 제출

4. 기타증거

추후 필요에 따라 제출하겠습니다.

고 소 장

고 소 인 : ○ ○ ○

피 고 소 인 : ○ ○ ○

전라남도 강진경찰서장 귀중

고 소 장

1.고 소 인

성명	○ ○ ○	주민등록번호	생략
주소	전라남도 강진군 강진읍 ○○로 ○○, ○○-○○호		
직업	사업	사무실 주　소	생략
전화	(휴대폰) 010 - 7123 - 0000		
대리인에 의한 고　　소	□ 법정대리인 (성명 :　　　,　　 연락처　　　　　　) □ 고소대리인 (성명 : 변호사,　 연락처　　　　　)		

2.피고소인

성명	○ ○ ○	주민등록번호	생략
주소	전라남도 강진군 강진읍 ○○로 ○길 ○○○, ○호		
직업	무직	사무실 주　소	모릅니다.
전화	(휴대폰) 010 - 4589 - 0000		
기타사항	고소인과의 관계 - 친·인척관계 없습니다.		

3.고소취지

고소인은 피고소인을 형법 제347조 제1항 사기죄 사기파산혐의로 고소하오니 피고소인을 철저히 수사하여 법에 준엄함을 깨달을 수 있도록 엄중 처벌하여 주시기 바랍니다.

4.범죄사실

(1) 고소인의 피해사실

가. ○○○○. ○○. ○○. 14:30경 고소인은 친누나가 알고 지내던 피고소인을 안면 정도만 알고 있다가, 어느 날 피고소인이 고소인에게 그 자신을 광주시 ○○구 ○○. 소재에서 전자제품대리점을 경영하는 사람으로 정식으로 소개를 하여 알게 된 것입니다.

나. 그런데 ○○○○. ○○. ○○. 17:20경 피고소인은, 고소인이 운영하는 강진군 강진읍 ○○로 ○○, 소재 등산복의류판매점을 찾아와 금전차용을 부탁하였습니다. 당시 피고소인과는 인근 커피숍으로 자리를 옮겨 대화를 하였는데, 피고소인은 고소인과 대면한 자리에서 자신이 경영하는 전자제품대리점이 경영상 일시 유동성이 부족하다고 하면서 운영자금을 30일만 차용해 달라고 간곡히 부탁을 하였습니다.

다, 이에 고소인은 ○○○○. ○○. ○○. 3,000만원을 대여해 주었고, 이어 같은 해 ○○. ○○.에도 2,000만원, 같은 해 ○○. ○○.. 3,000만원을 도합 8,000만원을 대여해 주었던 것입니다(첨부의 차용금증서 및 무통장 입금증 참조).

라, 피고소인은 금전을 차용할 때면 와서 악화된 유동성이 조금씩 나아지고 있는데, 한번만 더 차용해 주면 좋아진다며 사업이 좀 나아지면 한꺼번에 모두 갚겠다고 호언장담하였던 것입니다.

마, 그러나 피고소인은 이후 단 한 푼도 변제한바 없으며, 고소인이 피고소인에게 전화를 하거나 찾아갈 때면"조금만 기다려라"고 하면서 마치 얼마 후 변제할 뜻을 내비치다가 ○○○○. ○○. ○○.피고소인의 부친이 대신 빚을 갚아준다며 고소인의 주민등록을 불러달라고 하여 알려주었더니, 피고소인은 전혀 생각지 않게 기만적으로 고소인이 불러준 주민등록번호로 ○○○○. ○○. ○○.파산신청을 한 것입니다.

5.고소이유

(1) 사기죄 부분

가. 이상과 같이 (a) 고소인은 피고소인으로부터 ○○○○. ○○. ○○.부터 같은 해 ○○. ○○.까지 기망을 당하여 금 8,000만원의 금전적 피해를 입었고, (b) 피고소인의 차용행위가 애당초 편취의 의사가 명백하였던 것입니다.

나. 피고소인은 주위 수많은 사람들로부터 금전을 차용하면서도 ① 자신은 타인의 돈으로 허랑방탕한 생활을 하였고, ② 그 자녀는 고액을 주고 골프레슨을 시키고(아들 ○○○의 경우), 성악을 위하여 이태리에 다년간 유학을 시키는 등으로(딸 ○○○의 경우) 사치스러운 생활을 즐기면서도, ③ 50평형의 광주시 ○○구 ○○로 소재 호화아파트인 ○○아파트에서의 ○억 3,000만원의 보증금을 파산재산에서 면탈하고자 ④ 파산신청 직전에 ⑤ 위장이혼을 하는 등으로 채권자들에 대하여는 돈 한 푼 변제하지 않는 이율배반적 태도를 취하여 왔습니다(첨부의 ○○○과 ○○○의 사실획인서).

다. 피고소인은 ○○○○. ○○. ○○. 광주지방법원에 파산신청을 하는 등으로 채권자들에 대하여는 완전 법과 도의 관념을 저버리는 파렴치한 태도를 취하고 있는 것입니다(첨부의 인터넷사건검색).

(2) 사기파산죄 부분

　가, 피고소인은 주위 사람들에게는 오갈 데가 없어 친지 집을 떠돌고 있다고 말하고 있으나, 피고소인은 ○○○○. ○○. ○○. 남편 ○○○의 퇴거 주소지인 광주시 ○○구 ○○로 ○○○호에 아들인 ○○○명의로 전세금 ○억에 남편과 함께 생활을 하였습니다.

　나, 이 사실은 위 건물주이자 바로 옆 ○○○호에 거주하는 주인아주머니가 고소 외 ○○○에게 확인해 준바 있습니다. 그 건물주 아주머니께서 보름날에는 오곡밥을 하여 피고소인에게 전해 준바 있으며 피고소인이 그곳에서 약 ○년간 거주하다 ○○○○. ○○. ○○. 무렵 이사를 갔다고 합니다.

　다, 피고소인은 주위에 말로는 남편이 이혼 후 ○○에 있는 ○○○에 근무하고 있어 ○○에서 거주한다하였고, 아들 ○○○은 ○○로 친구 집에 신세 지고 있다 하면서 피고소인 자신은 광주시 ○○구 ○○로 어딘가에서 일을 하였다고 거짓말을 하였는데, 실상은 위와 같이 ○○에서 함께 지낸 것을 주인아주머니께서 확인해주신 것으로 보아 위장이혼이 확실합니다.

　라, 위와 같은 사실은 채무자회생 및 파산에 관한 법률 제650조“채무자가 파산선고의 전후를 불문하고 자기 또는 타인의 이익을 도모하거나 채권자를 해할 목적으로 다음 각호(1호. 파산재단에 속하는 재산을 은닉 또는 손괴하거나 채권자에게 불이익하게 처분을 하는 행위)에 해당하는 행위를 하고, 그 파산선고가 확정된 때에는 10년 이하의 징역 또는 1억 원 이하의 벌금에 처한다.”는 규정에 의거 사기파산죄로 다스려져야 옳다고 사료됩니다.

(3) 고소제기에 따른 선처

　가, 피고소인은 평소 고소인에게 자신의 주소지 관할 경찰서(○○경찰서)에는 자신의 매제가 경찰간부(과장급)가 있기 때문에 고소해봐야 소용없으니 고소하려면 해보라고 큰소리치고 오히려 으름장을 놓고 배짱을 부리고 있습니다.

나, 실제 고소 외 ○○○가 ○○경찰서에 고소 제기한 사건은 수사진행중 담
당조사관이 피고소인과 그 여동생이 고소장을 보게 하는 등으로 명백히
편파적인 태도로 진행하다가 무혐의 불송치 결정을 한 사실도 있고 ○○
경찰서에는 피고소인이 상당한 영향력을 행사는 것이 분명하여 공정한
수사를 기대하기 어려우니 철저한 수사를 할 수 있도록 특단의 조치를
취하여 주시기 바랍니다.

6.증거자료

□ 고소인은 고소인의 진술 외에 제출할 증거가 없습니다.

■ 고소인은 고소인의 진술 외에 제출할 증거가 있습니다.

☞ 제출할 증거의 세부내역은 별지를 작성하여 첨부합니다.

7.관련사건의 수사 및 재판 여부

① 중복 고소여부	본 고소장과 같은 내용의 고소장을 다른 검찰청 또는 경찰서에 제출하거나 제출하였던 사실이 있습니다 □ / 없습니다 ■
② 관련 형사사건 수사유무	본 고소장에 기재된 범죄사실과 관련된 사건 또는 공범에 대하여 검찰청이나 경찰서에서 수사 중에 있습니다 □ / 수사 중에 있지 않습니다 ■
③ 관련 민사소송 유무	본 고소장에 기재된 범죄사실과 관련된 사건에 대하여 법원에서 민사소송 중에 있습니다 □ / 민사소송 중에 있지 않습니다 ■

8.기타

　본 고소장에 기재한 내용은 고소인이 알고 있는 지식과 경험을 바탕으로 모두 사실대로 작성하였으며, 만일 허위사실을 고소하였을 때에는 형법 제156조 무고죄로 처벌받을 것임을 서약합니다.

○○○○년 ○○ 월 ○○ 일

위 고소인 : ○　○　○　　(인)

전라남도 강진경찰서장 귀중

별지 : 증거자료 세부 목록

(범죄사실 입증을 위해 제출하려는 증거에 대하여 아래 각 증거별로 해당
난을 구체적으로 작성해 주시기 바랍니다)

1. 인적증거

성 명	○ ○ ○		주민등록번호	생략		
주 소	자택 : 강진읍 ○○로 ○○-○○호 직장 : 강진읍 ○○로 ○○○, ○○○호				직업	주부
전 화	(휴대폰) 010 - 3211 - 0000					
입증하려는 내 용	위 ○○○은 피고소인의 기망행위에 대하여 직접 목격하여 잘 알고 있으므로 이를 입증하고자 합니다.					

2. 증거서류

순번	증 거	작성자	제출 유무
1	영수증	피고소인	■ 접수시 제출　□ 수사 중 제출
2	무통장입금증	피고소인	■ 접수시 제출　□ 수사 중 제출
3	진술서	목격자	■ 접수시 제출　□ 수사 중 제출
4	사실확인서	진술인	■ 접수시 제출　□ 수사 중 제출
5			□ 접수시 제출　□ 수사 중 제출

3. 증거물

순번	증 거	소유자	제출 유무
1	영수증	고소인	■ 접수시 제출　□ 수사 중 제출
2	무통장입금증	고소인	■ 접수시 제출　□ 수사 중 제출
3	진술서	고소인	■ 접수시 제출　□ 수사 중 제출
4	사실확인서	고소인	■ 접수시 제출　□ 수사 중 제출
5			□ 접수시 제출　□ 수사 중 제출

4. 기타증거

추후 필요에 따라 제출하겠습니다.

(5) 횡령죄 고소장 - 법인의 대표이사가 비자금 조성 개인용도로 사용하고 의도적
으로 파산신청 횡령죄 처벌을 요구하는 고소장 최신서식

고 소 장

고 소 인 : ○ ○ ○

피 고 소 인 : ○ ○ ○

부산시 ○○경찰서장 귀중

고 소 장

1.고소인

성명	○ ○ ○	주민등록번호	생략
주소	부산시 ○○구 ○○로 ○길 ○○, ○○○호		
직업	생략	사무실 주 소	생략
전화	(휴대폰) 010 - 8765 - 0000		
대리인에 의한 고 소	□ 법정대리인 (성명 : , 연락처) □ 소송대리인 (성명 : 변호사, 연락처)		

2.피고소인

성명	○ ○ ○	주민등록번호	생략
주소	부산시 ○○구 ○○로 ○길 ○○, ○○○호		
직업	무직	사무실 주 소	생략
전화	(휴대폰) 010 - 8979 - 0000		
기타사항	고소인과의 관계 - 친인척 관계없습니다.		

3.고소취지

고소인은 피고소인을 형법 제355조(횡령죄) 및 제356조(업무상 횡령죄)로 고소하오니 피고소인을 철저히 수사하여 법의 준엄함을 절실히 깨달을 수 있도록 엄벌에 처해 주시기 바랍니다.

4.범죄사실

(1) 적용법조 및 성립요건

○ 형법 제355조 제1항 횡령죄
형법 제355조 제1항 횡령죄는 타인의 재물을 보관하는 자가 그 재물을 횡령하거나 그 반환을 거부한 때는 5년 이하의 징역 또는 1,500만 원 이하의 벌금에 처합니다. 성립하기 위해서는 첫째, '타인의 재물'을 둘째, '보관하는 자'가 셋째, '횡령'하거나 '반환'을 거부하면 형법 제355조 제1항 횡령죄가 성립합니다.

○ 형법 제356조 업무상 횡령죄
형법 제356조(업무상의 횡령과 배임) 업무상의 임무에 위배하여 형법 제제355조의 죄를 범한 자는 10년 이하의 징역 또는 3,000천만 원 이하의 벌금에 처합니다. 업무상횡령죄가 성립을 하기 위해서는 첫째, 가해자가 '업무와 관련하여 타인의 재물을 보관' 하고 있어야만 성립합니다. 둘째, 가해자가 '불법으로 자신의 이익을 위하여 사용하거나 처분하는 행위'를 하여야 성립합니다. 셋째, 가해자가 '횡령할 의도를 가지고 있어야' 형법 제356조 업무상횡령죄가 성립합니다.

(2) 당사자의 관계

○ 고소인은 주소지에서 ○○기계라는 상호로 기계를 제작 생산하는 공장을 운영하고 있고, 피고소인은 주소지에서 ○○산업이라는 상호로 건설기계를 생산하여 판매하는 법인으로 ○○○○. ○○. ○○.경부터 이 회사에 대표이사에 취임한 대표이사입니다.

○ 피고소인은 위 ○○산업 주식회사의 대표이사로서 법인파산 중인 ○○산업 주식회사의 자금을 관리 및 운영하는 지위에 있었습니다.

(3) 고소사실 및 이 사건의 실체

○ 고소인은 ○○○○. ○○. ○○. 피고소인으로부터 금 ○,○○○만 원으로 약정하고 ○○기계의 제작의뢰를 받아 공급하였으나 그 대금을 지급하지 않아 고소인은 ○○산업 주식회사를 상대로 물품대금 청구소송을 제기하여 ○○○○. ○○. ○○. 부산지방법원에서 승소판결을 받아 그 무렵 동 판결은 확정되었습니다.

○ 이에 고소인은 ○○산업 주식회사의 재산에 위 판결에 기하여 강제집행을 하려고 준비 중에 있었는데 갑자기 위 ○○산업 주식회사가 부산지방법원 ○○○○파면○○○○호로 법인파산을 신청하였습니다.

○ 고소인은 ○○산업 주식회사 피고소인이 부산지방법원 ○○○○파면○○○○호 사건에 대해 ○○○○. ○○. ○○. 열람 및 복사신청을 하였는데 피고소인은 ○○○○. ○○. ○○. ○○산업 주식회사의 대표이사에 취임하여 위 ○○산업 주식회사의 비자금을 불법적으로 조성하였으며, 이 비자금 총액은 금 ○억 원에 이릅니다.

○ 피고소인이 조성한 비자금은 ○○산업 주식회사 운영 목적과 무관하게 피고소인 개인의 명의로 부산시 ○○구 ○○로 ○○, ○○빌라를 구입하는데 사용하였음을 확인하였습니다.

○ 이러한 피고소인의 행위는 ○○산업 주식회사의 재산에 대한 불법적인 처분행위에 해당하며, 피고소인의 행위는 형법 제355조 제1항 횡령죄 및 형법 제356조 업무상 횡령죄에 해당합니다.

○ 증거로 ○○산업 주식회사의 회계장부 변조 내역, 통장 거래 내역, 내부 감사보고서, 가수금명목으로 빼돌린 이메일 및 녹취록 등을 증거로 첨부하겠습니다.

(4) 고소이유

○ 피고소인의 비자금 조성과 개인적 사용 행위로 인하여 ○○산업 주식회사
의 자산이 부당하게 감소하였으며, 결국 파산절차에 영향을 미쳐 채권자
인 고소인 및 이해관계자에게 실질적 피해가 발생하였습니다.

○ 이에 고소인의 법적 권리를 보호하고, 피고소인에 대한 철저한 수사를 통
하여 법적 처벌을 구하기 위하여 이 건 고소장을 제출하게 된 것입니다.

○ 따라서 고소인은 피고소인에 대하여 형법 제355조 제1항 횡령죄 및 형법
제356조 업무상 횡령죄로 처벌을 요청하오니 피고소인을 철저히 수사하
여 법의 준엄함을 절실히 깨달을 수 있도록 엄벌에 처하여 주시기 바랍니다.

5.증거자료

□ 고소인은 고소인의 진술 외에 제출할 증거가 없습니다.

■ 고소인은 고소인의 진술 외에 제출할 증거가 있습니다.

☞ 제출할 증거의 세부내역은 별지를 작성하여 첨부합니다.

6.관련사건의 수사 및 재판여부

① 중복 고소여부	본 고소장과 같은 내용의 고소장을 다른 검찰청 또는 경찰서에 제출하거나 제출하였던 사실이 있습니다 □ / 없습니다 ■
② 관련 형사사건 수사유무	본 고소장에 기재된 범죄사실과 관련된 사건 또는 공범에 대하여 검찰청이나 경찰서에서 수사 중에 있습니다 □ / 수사 중에 있지 않습니다 ■
③ 관련 민사소송 유무	본 고소장에 기재된 범죄사실과 관련된 사건에 대하여 법원에서 민사소송 중에 있습니다 □ / 민사소송 중에 있지 않습니다 ■

본 고소장에 기재한 내용은 고소인이 알고 있는 지식과 경험을 바탕으로 모두 사실대로 작성하였으며, 만일 허위사실을 고소하였을 때에는 형법 제156조 무고죄로 처벌받을 것임을 아울러 서약합니다.

○○○○ 년 ○○ 월 ○○ 일

위 고소인 : ○　○　○　　(인)

부산시 ○○경찰서장 귀중

별지 : 증거자료 세부 목록

　　　(범죄사실 입증을 위해 제출하려는 증거에 대하여 아래 각 증거별로 해당 난을 구체적으로 작성해 주시기 바랍니다)

1. 인적증거

성　명	○ ○ ○	주민등록번호	생략		
주　소	부산시 ○○구 ○○로 ○○, ○○○호			직업	상업
전　화	(휴대폰) 010 - 3909 - 0000				
입증하려는 내　용	위 ○○○은 피고소인이 ○○산업 주식회사의 비자금을 조성하여 개인 용도로 사용한 사실에 대해 입증하고자 합니다.				

2. 증거서류

순번	증　거	작성자	제출 유무
1	비자금 관련 장부	고소인	■ 접수시 제출　□ 수사 중 제출
2	통장 거래 내역서	고소인	■ 접수시 제출　□ 수사 중 제출
3	감사보고서	고소인	■ 접수시 제출　□ 수사 중 제출
4	이메일 및 녹취록	고소인	■ 접수시 제출　□ 수사 중 제출
5		고소인	□ 접수시 제출　□ 수사 중 제출

3. 증거물

순번	증 거	소유자	제출 유무
1	위 첨부서류	고소인	■ 접수시 제출 □ 수사 중 제출
2			□ 접수시 제출 □ 수사 중 제출
3			□ 접수시 제출 □ 수사 중 제출
4			□ 접수시 제출 □ 수사 중 제출
5			□ 접수시 제출 □ 수사 중 제출

4. 기타증거

추후 필요에 따라 제출하겠습니다.

(6) 개인회생죄 고소장 - 재산조회결과를 회생절차 외의 용도로 제출하거나 유출하
고 사용하여 처벌을 요구하는 고소장 최신서식

고 소 장

고 소 인 : ○ ○ ○

피 고 소 인 : ○ ○ ○

강원도 강릉경찰서장 귀중

고 소 장

1.고소인

성명	○ ○ ○	주민등록번호	생략
주소	강원도 강릉시 ○○로 ○길 ○○, ○○○호		
직업	생략	사무실 주 소	생략
전화	(휴대폰) 010 - 8765 - 0000		
대리인에 의한 고 소	☐ 법정대리인 (성명 : , 연락처) ☐ 소송대리인 (성명 : 변호사, 연락처)		

2.피고소인

성명	○ ○ ○	주민등록번호	생략
주소	강원도 강릉시 ○○○로 ○길 ○○, ○○○호		
직업	무직	사무실 주 소	생략
전화	(휴대폰) 010 - 8979 - 0000		
기타사항	고소인과의 관계 - 친인척 관계없습니다.		

3. 고소취지

피고소인이 법원이 제공한 재산조회결과를 회생절차의 목적 외로 사용한 사실
은 채무자 회생 및 파산에 관한 법률 제657조에 따라 처벌되어야 하므로 피고소
인을 재산조회결과의 목적 외 사용죄로 고소하오니 철저히 수사하여 법의 준엄함
을 절실히 깨달을 수 있도록 엄벌에 처해 주시기 바랍니다.

4. 범죄사실

(1) 적용법조 및 성립요건

○ 채무자 회생 및 파산에 관한 법률 제657조

채무자 회생 및 파산에 관한 법률 제657조(재산조회결과의 목적 외 사용
죄) 채무자 회생 및 파산에 관한 법률 제29조(채무자의 재산 등에 관한
조회) 제1항의 규정에 의한 재산조회의 결과를 회생절차·파산절차·파산절
차 또는 개인회생절차를 위한 채무자의 재산상황조사 외의 목적으로 사용
한 자는 2년 이하의 징역 또는 2,000만 원 이하의 벌금에 처합니다.

○ 재산조회결과의 목적 외 사용죄는 채무자의 재산상황을 조사하기 위해 법
원이 명령한 재산조회 결과가 채무자 보호와 공정한 절차 진행 등 법적
목적으로만 이용되게 하여, 사적 이익이나 불법 목적에 사용하는 것을 방
지하기 위한 것입니다. 다시 말해 재산조회결과를 무단으로 제3자에게 제
공하거나 부당한 목적으로 이용하는 행위가 이에 해당합니다.

○ 재산조회결과 목적 외 사용죄는 법원이 명령한 재산조회 자료를 본래 목
적 외 용도로 이용하는 범죄로 2년 이하 징역 또는 2,000천만 원 이하
벌금형, 재산 정보의 부적절한 유출·남용을 방지하여 채무자의 정보 보호
와 절차의 공정성을 확보하는 취지입니다.

(2) 당사자의 관계

○ 고소인은 춘천지방법원 강릉지원 ○○○○회○○○○호 개인회생 사건의
채권자이고, 피고소인은 위 개인회생 사건을 신청한 채무자입니다.

(3) 고소사실 및 이 사건의 실체

○ 피고소인은 위 사건에서 법원의 재산조회신청(채무자 회생 및 파산에 관한
법률 제29조 제1항)에 따라 고소인에 대한 재산정보(예금 내역, 부동산
보유내역 등)를 교부받아 이를 회생절차 진행을 위한 채무자의 재산상황
파악 목적이 아닌 다른 용도로 사용하였습니다.

○ 따라서 피고소인은 위 재산조회 결과를 제3자인 ○○신용조사기관에 제공
하거나 또 다른 채권자 ○○○이 피고소인을 상대로 한 민사소송 춘천지
방법원 강릉지원 ○○○○가단○○○○호 사건에 증거로 제출하는 등 회생
절차 외의 목적으로 활용하였습니다.

○ 이로 인해 고소인은 개인정보 침해 및 경제적·정신적 피해를 입었습니다.
피고소인의 이러한 행위는 명백히 채무자 회생 및 파산에 관한 법률 제
657조 위반하였습니다.

(4) 고소이유

○ 따라서 재산조회결과는 오로지 회생 또는 파산 절차에서 채무자의 재산상
황을 확인하기 위한 용도로만 사용되어야 하며, 이를 제3자에게 제공하거
나 별도의 민사·형사소송 등에 활용하는 행위는 명백한 법 위반행위에 해
당합니다.

○ 피고소인은 춘천지방법원 강릉지원 ○○○○회○○○○호 개인회생○○사
건의 채무자로서 법원의 허가를 받아 재산조회를 신청하였습니다. 그 결
과 고소인(채권자)의 예금 내역, 부동산 보유상황, 급여계좌 등 개인정보
가 포함된 재산조회결과를 교부받았습니다.

○ 그러나 피고소인은 이를 회생절차 외의 용도로 사용하여, 해당 자료를 제3자인 ○○신용정보회사에게 전달하거나, 별도의 민사소송의 증거자료로 제출하는 등 법률상 허용되지 않는 방법으로 이용하였습니다.

○ 또한, 일부 자료는 법원의 허락 없이 복사·배포되어 회생절차 관계인 외의 자에게 노출되었습니다. 이는 채무자의 인적·재산상 비공개 정보를 외부에 유출한 것으로 고소인의 사생활과 명예를 심각히 훼손하였습니다.

○ 이에 고소인의 법적 권리를 보호하고, 피고소인에 대한 철저한 수사를 통하여 법적 처벌을 구하기 위하여 피고소인을 채무자 회생 및 파산에 관한 법률 제657조로 처벌을 요청하오니 피고소인을 철저히 수사하여 법의 준엄함을 절실히 깨달을 수 있도록 엄벌에 처하여 주시기 바랍니다.

5.증거자료

□ 고소인은 고소인의 진술 외에 제출할 증거가 없습니다.

■ 고소인은 고소인의 진술 외에 제출할 증거가 있습니다.

☞ 제출할 증거의 세부내역은 별지를 작성하여 첨부합니다.

6.관련사건의 수사 및 재판여부

① 중복 고소여부	본 고소장과 같은 내용의 고소장을 다른 검찰청 또는 경찰서에 제출하거나 제출하였던 사실이 있습니다 □ / 없습니다 ■
② 관련 형사사건 수사유무	본 고소장에 기재된 범죄사실과 관련된 사건 또는 공범에 대하여 검찰청이나 경찰서에서 수사 중에 있습니다 □ / 수사 중에 있지 않습니다 ■
③ 관련 민사소송 유무	본 고소장에 기재된 범죄사실과 관련된 사건에 대하여 법원에서 민사소송 중에 있습니다 □ / 민사소송 중에 있지 않습니다 ■

7.기타

본 고소장에 기재한 내용은 고소인이 알고 있는 지식과 경험을 바탕으로 모두 사실대로 작성하였으며, 만일 허위사실을 고소하였을 때에는 형법 제156조 무고죄로 처벌받을 것임을 아울러 서약합니다.

○○○○ 년 ○○ 월 ○○ 일

위 고소인 : ○ ○ ○   (인)

강원도 강릉경찰서장 귀중

별지 : 증거자료 세부 목록

    (범죄사실 입증을 위해 제출하려는 증거에 대하여 아래 각 증거별로 해당
난을 구체적으로 작성해 주시기 바랍니다)

1. 인적증거

성 명	○ ○ ○	주민등록번호	생략		
주 소	강릉시 ○○로 ○○, ○○○호			직업	상업
전 화	(휴대폰) 010 - 3909 - 0000				
입증하려는 내 용	위 ○○○은 피고소인을 상대로 한 민사소송의 당사자로 법원에 고소인에 대한 사실조회결과를 증거자료를 제출한 사실에 대해 입증하고자 합니다.				

2. 증거서류

순번	증 거	작성자	제출 유무
1	사실조회결과서	고소인	■ 접수시 제출 □ 수사 중 제출
2	민사소송에 제출근거	고소인	■ 접수시 제출 □ 수사 중 제출
3	금융 거래 내역	고소인	■ 접수시 제출 □ 수사 중 제출
4	이메일 내용	고소인	■ 접수시 제출 □ 수사 중 제출
5		고소인	□ 접수시 제출 □ 수사 중 제출

3. 증거물

순번	증 거	소유자	제출 유무
1	위 첨부서류	고소인	■ 접수시 제출 □ 수사 중 제출
2			□ 접수시 제출 □ 수사 중 제출
3			□ 접수시 제출 □ 수사 중 제출
4			□ 접수시 제출 □ 수사 중 제출
5			□ 접수시 제출 □ 수사 중 제출

4. 기타증거

추후 필요에 따라 제출하겠습니다.

▣ 편 저 대한법률콘텐츠연구회 ▣

(연구회 발행도서)

· 형사사건 양형자료 반성문 작성방법
· 공소장 공소사실 의견서 작성방법
· 불기소처분 고등법원 재정신청서 작성방법
· 불 송치 결정 이의신청서 재수사요청
· 대출금·카드대금 소멸시효 안 갚아도 되는 방법
· 의사표시 내용증명서 작성방법
· 접근금지 가정폭력 고소방법
· 폭행·특수폭행죄 폭행고소 성립요건 고소방법
· 처음부터 끝까지 지급명령 신청방법·절차

파산재산 은닉·손괴 허위 증가 돈 갚지 않고 파산회생신청 사기죄
사기파산·회생 작성하는 법

2026년 04월 15일 인쇄
2026년 04월 20일 발행

편　　저　대한법률콘텐츠연구회
발행인　김현호
발행처　법문북스
공급처　법률미디어

주소　서울 구로구 경인로 54길4(구로동 636-62)
전화　02)2636-2911~2,　팩스 02)2636-3012
홈페이지　www.lawb.co.kr

등록일자　1979년 8월 27일
등록번호　제5-22호

ISBN　979-11-94820-66-6 (13360)

정가　28,000원

▎역자와의 협약으로 인지는 생략합니다.
▎파본은 교환해 드립니다.
▎이 책의 내용을 무단으로 전재 또는 복제할 경우 저작권법 제136조에 의해 5년 이하의 징역 또는
5,000만원 이하의 벌금에 처하거나 이를 병과할 수 있습니다.

이 도서의 국립중앙도서관 출판예정도서목록(CIP)은 서지정보유통지원시스템 홈페이지(http://seoji.nl.go.kr)와 국가
자료종합목록 구축시스템(http://kolis-net.nl.go.kr)에서 이용하실 수 있습니다.

홈페이지　www.lawb.co.kr
페이스북　www.facebook.com/bummun3011
인스타그램　www.instagram.com/bummun3011
네이버 블로그　blog.naver.com/bubmunk

법률서적 명리학서적 외국어서적 서예·한방서적 등

최고의 인터넷 서점으로

각종 명품서적만을 제공합니다

각종 명품서적과 신간서적도 보시고

법률·한방·서예 등 정보도

얻으실 수 있는

핵심법률서적 종합 사이트

www.lawb.co.kr

(모든 신간서적 특별공급)

facebook.com/bummun3011
instagram.com/bummun3011
blog.naver.com/bubmunk

대표전화 (02) 2636 - 2911